技術者の仕事の勘所
問題解決実践力

問題発見と問題解決の進め方がわかる

鈴木洋司［著］

日科技連

まえがき

　本書の執筆に先立つ2年ほど前に、『技術者の仕事の基本 問題解決力』という本を出版して、仕事の現場で問題解決活動を行ううえで必要となる考え方や手法として問題解決力を紹介しました。同書では、問題を発見し、問題を解消するための課題を設定し、設定した問題を解決するという一連のプロセスで求められる要件を、筆者の経験を踏まえて"技術者の仕事の基本"として解説しました。さらに、同書をテキストとした問題解決の研修を社内外で実施することで、問題解決力が技術者だけでなくあらゆる職種に携わる方々に幅広く適用できるスキルであることを、多くの企業人や学校関係者、学生の方々に説明してきました。

　問題解決力は企業内だけに留まらず、小中学校の教育指導要領のなかにも「生きる力を育む問題解決力」として取り入れられており、今や学校関係者においても教材や指導方法について検討がなされ、学校教育のなかで徐々に実践され始めています。つまり、問題解決力を子供の頃から養い、学校を卒業して社会人として巣立つときには当然身につけておくべき基盤スキルとすべきだと、社会的に認知されるようになったのです。

　このような問題解決力に関する認知度の高まりは望ましいことですが、教育を通じて問題解決力を広めていくためには障壁となることがあります。問題解決力は、知識を蓄えるだけでは不十分であり、蓄えた知識を現場実務で実践して知恵に変えるプロセスを経ないと役立つスキルにはなりにくいのです。

　そのうえ、このプロセスを経るには熟練した実践経験者のサポートが必要であり、これがなければ教育を実施しても問題解決活動ができる人物が育たないという事態に陥りやすいのです。この点が問題解決教育の難しさなのです。このような難しさを知ってか知らずか、単に上辺だけ役立ち度

iii

まえがき

が低い問題解決教育を展開し、自己満足している教育トレーナーが数多く存在していることも事実です。

　本書はこのような問題解決教育の現状を踏まえて、前著である『技術者の仕事の基本 問題解決力』の姉妹書として、問題解決力を現場実務で実践するための勘所をわかりやすくまとめました。本書だけでも役立つ内容となるように意識しましたが、本書に目を通す前に前著をお読みいただくと問題解決に関する理解がいっそう深まると思います。前著と併せてご活用いただくことをお勧めします。また、本書の内容の一部には前著と重複する部分がありますが、本書をよりわかりやすくするための措置であることをご了承ください。本書を良き手引きとして、実務のなかで問題解決活動を繰り返し実践され、現場での問題解決の第一人者となられることを期待します。

　2014年7月

鈴　木　洋　司

技術者の仕事の勘所 問題解決実践力
目　次

まえがき ………………………………………………………………… iii

第1章　問題解決力の必要性と重要性 ………………………… 1
1.1　問題解決にまつわる時代の変遷　　1
1.2　これからの時代に求められる能力　　12
1.3　問題解決って何？　　17
1.4　問題って何？　　20
1.5　問題解決と改善活動の違い　　25

第2章　問題解決スキル ……………………………………… 29
2.1　問題解決フレームワークで考える　　29
2.2　問題を発見する　　30
2.3　解決行動をとる　　35
2.4　関係者を巻き込む　　45
2.5　問題解決スキルの現状レベルを知る　　59

第3章　問題解決活動の進め方と勘所 ……………………… 63
3.1　問題解決活動の進め方　　63
3.2　問題解決活動の実践事例　　79
3.3　問題解決活動の勘所　　97
3.4　問題解決活動の効果　　108

第4章　問題解決活動の勘所の鍛え方 ……………………… 115
4.1　問題解決フレームワークの活用　　116
4.2　ロジックツリーの活用　　129

目　次

4.3　SRストーリーの活用　　*133*
4.4　なぜなぜ展開のための特性要因図の活用　　*141*
4.5　現状見える化のためのExcelの活用　　*155*
4.6　その他の要素　　*171*

あとがき ……………………………………………………… *175*
参考文献 ……………………………………………………… *177*
索　　引 ……………………………………………………… *179*

第1章
問題解決力の必要性と重要性

1.1 問題解決にまつわる時代の変遷

◆ジャパン・アズ・ナンバーワンであった時代

　筆者が就職し、一人前の社会人として働き始めた1970～80年代頃の記憶をたどると、当時はQCによる改善活動を基軸にした仕事の進め方が職場で主流となっていました。QCとはQuality Controlの略で直訳すると品質管理ですが、品質を向上するための一連の活動の総称です。

　しかし、問題解決という概念は主要な存在ではなかったため、ほとんど職場で見聞きするようなことがなかったように記憶しています。一転して今日では、テレビや新聞などを通じて報じられる日々のニュース、書店でビジネス書が陳列されている書棚に並べられている本、職場での話題などにおいては、問題解決という言葉が氾濫しています。なぜ今日になって、問題解決という言葉が見聞きされるようになってきたのでしょうか。

　1970～80年代頃の日本は今となっては昔懐かしい高度経済成長期の真っただ中にあり、日本国内でつくられていた製品は高品質であることを強みとして、国内だけではなく、輸出先である世界中の国々から持て囃されていました。この時代における日本の強みの基盤となっていたものが

QCによる改善活動であり、マネージャー層から一般の社員層を始めとして、生産ラインの現場で働くパートのおばさんたちに至るまで、社員が全員参加でこの活動に全社一丸となって取り組んでいました。このようなことから、当時はほぼ全社員がQCの改善ステップやQC七つ道具のことを熟知しており、これが職場内での共通言語となって、品質第一という御旗の下で一つの環境風土を形成していました。

　職場内ではQCサークルという全員参加の小集団改善活動が活発に行われるようになり、5～6人程度の改善チームが職場のあちらこちらに結成されて、職場で発生している諸問題を改善するために自主的な活動を展開していました。QCサークル大会などの活動成果を共有するための催しが年度末などの節目で定期的に開催され、この場で社員のチームとともにパートのおばさんたちのチームが堂々とした態度で自分たちが取り組んだ活動成果を発表し、大会で発表された改善事例のなかで最優秀賞を獲得する、といったようなことが日常的な出来事として行われていました。

　こうした取組みが功を奏して職場でのムリ・ムダ・ムラが著しく改善されることになり、結果としてばらつきが抑えられた生産性が高い仕事のやり方を、個々の社員が自らの力で実現できるようになりました。これが当時、日本の製造業の基盤となって、全世界における高品質かつ低コストの見本となるような製品を、国内外の市場へ向けて日常的につくり出すことができるようになったのです。このことで日本の国際競争力は著しく向上し、ジャパン・アズ・ナンバーワンとして、一時は米国を追い抜くような勢いで日本全体が大きく成長していきました。このときの日本は海外市場を特に意識することもなく、各企業が自らの認識にもとづいて、日本市場で良いと認識されるものをつくってそのまま海外へ輸出していれば、特段の苦労をしなくとも諸外国から製品を買ってもらえる状況にありました。

◆ How to が問われていた時代

　このような時代においては、今つくっている製品を、より良く・より早く・より安く・より大量につくるために、どうすれば良いかを考えること

が重要で、いわゆる"How to"が問われていたのです（**図表 1.1**）。その結果、現状のプロセスを小回り良く改善することに適したQCサークルなどの小集団改善活動が大いに活性化することになり、日本の国際競争力の向上に大きく貢献しました。この時代における問題は、現状の仕事のやり方のなかに存在しているムリ・ムダ・ムラであり、これらの望ましくない事象は次から次へと嫌でも目の前に現れてきたことから、改善活動のネタ探しには事欠くことがありませんでした。若かりし頃の筆者も当時はQCサークル活動を通じて最低でも半年に1件程度の改善活動に取り組んでいました。おかげで、この取組みを5年間続けただけでも10件程度の改善活動を経験することができました。しかも、この改善活動は現場実務を通じて行われる取組みであったことから、全社員の実務での改善実践力が確実に向上していきました。

　さらにいうと、日本国内の市場自体が大きく成長しているという経済環

図表 1.1 時代の変化と問題解決力

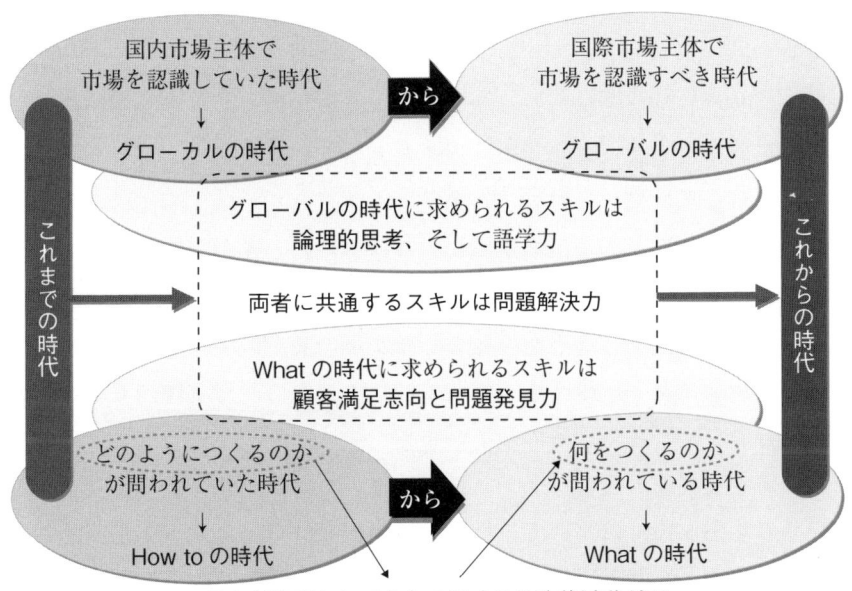

境を背景にして、さらには勤勉性や向上心という日本人がもつ長所が相乗効果を発揮して、ムリ・ムダ・ムラに対する改善活動が、組織で働く人たちの均質性という日本独自の強みをつくり上げるのに役立ちました。

　一方で、このような時代においては、昨日の仕事を今日、今日の仕事を明日というように仕事のやり方自体を大きく変える必要性がそれほど高くなかったことから、職場の先輩から後輩へと仕事のやり方を伝承するOJTが人材育成の手段として機能していました。このことが、先輩を敬い、先輩に教わりながら技術や知恵を伝承していく、いわゆる年功序列という日本特有の良き文化を支えるのに役立ちました。このようにして、日本が得意としてきたQC的改善活動が大いに効果を発揮して、長期間にわたって日本の高度経済成長を下支えする原動力の一つになっていました。

◆良き時代の陰り

　ところが、アリとキリギリスの話ではありませんが、良いことは長続きするものではなく、さまざまな要因によって日本の高度経済成長に陰りが見え始めてきました。高度経済成長によって日本全体が全員中流といわれるほど豊かになる一方で、低経済成長社会、成熟化社会、マイナス経済成長社会、デフレ社会といった言葉で形容されたように、日本の経済環境が坂を転がり落ちるように悪化の一途をたどっていくのです。

　この急激な環境変化に対して、企業は生き残りをかけて事業構造改革に取り組みましたが、経済環境が悪化する速さにほとんどの企業が対応しきれず、日本の国内経済や国際競争力は悪化の一途をたどりました。高度経済成長時代には経験どころか考えもしなかった賃金減少や失業率の増大によって消費マインドが冷え込んでしまったことから、日本国内では以前のようにものが売れなくなってしまいました。

　このような経済環境のなかで、日本に追いつけ追い越せとばかりにものづくりの能力を徐々に高めてきたアジア諸国が、日本と比べて圧倒的に人件費が低いことを強みにして、日本製品と対等に戦えるような国際競争力をもった製品を輸出するようになってきたのです。アジア諸国でつくられ

た製品が安かろう悪かろうではなく、安かろう良かろうに変身したのです。このような状況になると、これまでの時代で成果を上げてきたようなムリ・ムダ・ムラを対象にしたQC的改善活動に取り組んでいても、日本製品とは比べものにならない低価格で販売されるアジア諸国の製品に打ち勝つことができず、日本製品が日本市場だけでなく、国際市場においても次第に売れなくなってしまったのです。

一方で、日本国内では高度経済成長によって国民の生活レベルが向上したことで、ほとんどの家庭には必要なものが揃ってしまったことから、日本の市場はものが満ち溢れた飽和状態になっていました。このことが日本国内での消費動向をさらに大きく落ち込ませ、国内市場でのものの売れ行きが鈍化したのです。

◆グローバル化の進展

このような状態から脱却するために、新たな活路を求めて日本企業の海外市場進出に拍車がかかりました。さらには、アジア諸国の人件費の低さに目をつけて、生産活動までも日本国内からアジア諸国で行われるようになってきました。海外で生産した製品を海外で、そして日本で販売するという、まさにグローバル化が本格化しました。特に海外での生産は日本国内の産業構造を空洞化させてしまう懸念が声高に叫ばれてはいたものの、背に腹は代えられない日本企業は競うようにアジア諸国へ進出していきました。

こうして製品の生産と販売が国内から海外へと移っていくと、いわゆる企業活動がグローバル化してくると、異文化圏で育った外国人と同じ職場で一緒に仕事をするという、これまでの時代ではほとんど経験することがなかった状況が当たり前のように生じてきました。しかもこのような状況は減るどころか、これなくしては日常の仕事が進まないような状況が職場のなかに起きてきたのです。社員全員が英会話スキルを習得、英語での会議、英語でのプレゼンテーション、英語での書類の読み書きといったようなことが日常的な出来事になってきました。

第1章　問題解決力の必要性と重要性

　これに伴い日本人社員が外国人社員とコミュニケーションをとるための素養として、英会話とともに論理的思考が必須スキルとして求められるようになってきました（図表1.1）。この結果、英語が不得意で、しかも幸か不幸かこれまでの長い人生のなかで、ほとんどといっていいくらい英語を使う必要がなかった筆者のような高齢社員に対してまで、突然TOEIC受験を通じた英語力の向上が当たり前のように求められるようになってきました。

　グローバル化に付随して求められるスキルとして英会話がいの一番に取り上げられますが、日本人が外国人とコミュニケーションをとる際に本当に支障となっているスキルは、実は語学力よりは論理的思考力だといわれています（図表1.1）。特に米国などの多民族で構成されている国々では多様な考え方をする人たちが集まっているため、論理的な考え方で物事を表現しないとお互いにわかり合うことができないのです。一方で、日本のような単一民族で構成されている国では同じような考え方の人たちが大半を占めているため、論理的な考え方で物事を表現しなくてもお互いにわかり合うことができてきました。こうした理由から、日本人は気づかないうちに論理的思考が弱くなってしまっているのです。英語は万一話せなくても通訳を通じて何とか対応できますが、論理的思考は通訳できるようなものではないことから、これこそがグローバル化へ向けて外国人と仕事をする方々が身につけておかなければならない必須スキルといえるのです。

◆ Whatが問われる時代

　ものづくりの方法はどのように変わっているのかについて考えてみましょう。ものづくりとは「もの」と「つくる」とが合わさってつくられた言葉です。ここでいう「もの」とは、具現化したいことのイメージを明確化したもので、製品企画や設計内容のような、生み出そうとする対象を具体的に形式知化した結果を指しているといえます。また、「つくり」とは具現化したいイメージを実際に現実のものとして実現することで、生産技術や加工技術のような、ものを生産するためのプロセスや技術、作業を指

すといえます。やや理屈っぽくなりましたが「ものづくり」を簡単にいうと、どのような「もの」をどのように「つくる」のかということになります。どのような「もの」とは、いわゆる"What"の問題であり、どのように「つくる」とは、いわゆる"How to"の問題と考えられます。ものづくりにおいては、このWhatの問題とHow toの問題をバランスよく両立させていくことが重要なのです。

これまでの時代においては、ムリ・ムダ・ムラを対象にしたQC的改善活動を通じてどのように「つくる」のかということ、いわゆる"How to"の問題を考えることが、市場に受け入れられる製品を産み出すうえでの主要な取組みとなっていました(**図表1.2**)。他社と比べて、より良く・より早く・より安く・より大量に製品をつくるためのプロセスや技術、作業に焦点を当てて、How toの問題に対応していくことが重要だったのです。

ここでは、「つくる」ための知識や技能が幅を利かせるようになるため、

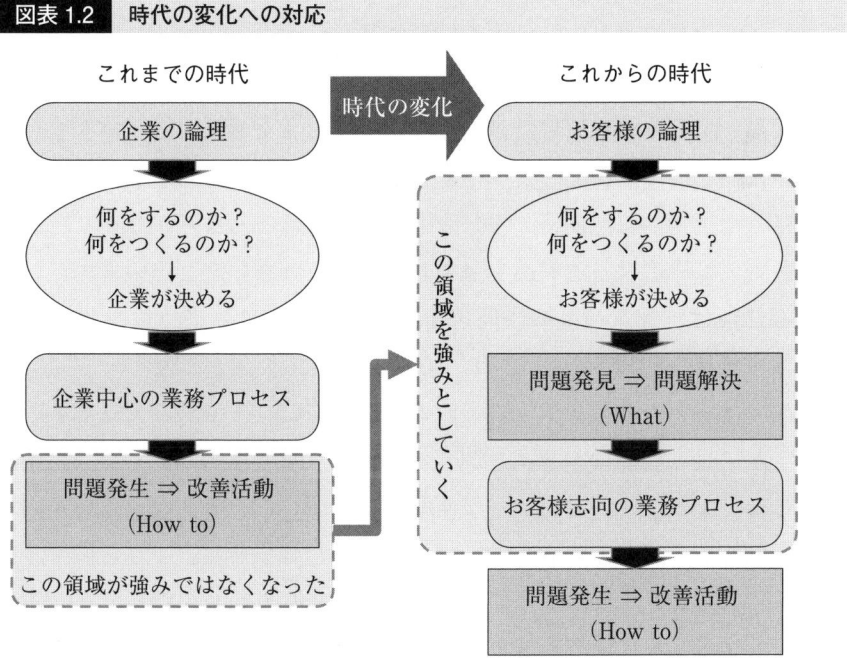

図表1.2　時代の変化への対応

長い間にわたり職場で経験を積んできた年長者を仕事のできる人としてものづくりが進んでいました。そして、年長者によるOJTを通じて、全員が同じレベルの仕事ができるように、知識や技能のレベルが低い若手社員への教育が行われていました。このようにして、全社員が一丸となってよりばらつきが少ない均質な仕事を目指して改善に取り組んでいくことで、職場の成果、会社の業績、さらには国際競争力を伸ばしていくことができました。

　繰り返しになりますが、ものづくりの力をつけたアジア諸国がものづくりの国際舞台に台頭してくることによって、ただ単により良く・より早く・より安く・より大量に製品をつくることを考えているだけでは、日本企業の国際競争力が保てなくなりました。メイド・イン・ジャパンの製品とメイド・イン・アジア諸国の製品との間にはかつてのような品質面での圧倒的な差がなくなってきており、逆に価格面での差、すなわち日本の製品はアジア諸国の製品より高いという事実が際立つようになりました。しかも、この価格面での差は品質面での差を補って余りあるような、これまでのQC的改善活動だけでは太刀打ちできないようなレベルにまで進展したのです。そして、かつては見向きもしなかったメイド・イン・アジア諸国の製品を、日本の消費者は抵抗なく買い求めるようになっていきました。

　店頭に同じような製品を並べたときに、日本の製品よりアジア諸国の製品のほうが圧倒的に低価格で、しかも品質面にほとんど差がなかったとしたら、賢い消費者は日本製品を選択しないのではないかと思います。このような光景は、電気製品の量販店で近頃よく見かけるようになりました。例えば扇風機などは、外国製では1,000円前後の製品が出回る一方で、日本製品では安いものでも数千円程度の価格設定になっているようです。

　たしかに日本製品はデザインが良く、首振り角度調節機能や風量変動機能、リモコン機能といったような便利な要素がいろいろと設定されているため、価格が高くなるのも止むを得ないかもしれません。これら諸々の要素はないよりはあったほうがいいのかもしれませんが、果たして高いお金を払ってまで本当に必要な要素なのでしょうか。数学的な言い方をすれば、

これら諸々の要素は扇風機としての十分条件ではあるのかもしれませんが、決して必要条件ではないように思えます。

　扇風機の必要条件はただ単に風が送り出されれば良いと考えたときに、この必要条件が最低限満たされていれば価格は安ければ安いほど良いといったように考えることが一般的な消費者の素直な感覚ではないのでしょうか。ちなみに、筆者もそのような消費者の一人です。まずはこの必要条件が満たされていることを前提として、十分条件は消費者の生活レベルの豊かさに応じて求められるものだと思います。必要以上の十分条件に価値を感じない消費者は、この十分条件に対して費やされているコストはムダと判断することから、このコストを価格に転嫁することには不満足感をもちます。つまり、消費者は自分が価値を感じるものが適正価格であることに満足感を感じるのです。

　扇風機の必要条件の面だけで競争していても日本はアジア諸国に価格競争で勝てないため、消費者にとってそれほど必要性が高くない要素を企業の論理で付加することで、表面的な価値を高めてアジア諸国の製品と比べたときの高価格感に対応しているとしたら、このような対応の仕方は決して好ましい考え方とは思えません。企業は、市場や市場のお客様にとって本当に役に立つ製品を、適正価格で市場に送り出さなければならないのです。

　扇風機にとって本当に必要欠くべからざる機能とは何でしょうか。扇風機は何のために存在するのでしょうか。風を送り出すため、暑さを紛らわすため、納涼感を与えるため、体温を下げるため、もっといろいろなことが考えられると思います。これからの日本にとって必要なことは、こうしたことを深く考えて、現在の扇風機のイメージに取って代わるような新たなイメージの納涼製品を創造して差別化していくこと、いわゆる"What"を考えることに今まで以上に注力していくことだと思います。これまでのようにHow toを考えることで、より高品質かつ低価格の製品を生産するための技術をさらに高めていくことは今後も当然必要なことですが、これに加えてWhatについても考えられるようになっていかなければならない

のです。

◆市場や市場のお客様に目を向ける

　どうすればWhatについて考えられるようになるのでしょうか。これはたいへん難しいことで、誰でも簡単にできることではないかもしれません。だからこそ、これができるようになった人や企業、国が、これから先の時代をリードしていくようになるのだと思います。Whatについて考える原点は市場であり、市場のお客様なのです。

　市場や市場のお客様は、企業が送り出す製品やサービスの価値に見合った対価を企業に支払ってくれます。当然のことながら、価格に見合った価値が感じられない製品やサービスには対価を払おうとしてくれません。価値が感じられない製品やサービスしか市場に送り出せない企業は市場や市場のお客様からの支持が得られないため、売上げや利益が上がらず、やがては倒産の危機に直面してしまうかもしれません。ドラッカー流にいえば、企業の売上げや利益は社会に対する貢献度を示しているのです。市場や市場のお客様からの支持が得られていない企業は、社会に対する貢献度が不足していることが原因で売上げや利益が上がらないのであり、今後も存続してほしいと思ってもらえていないと考えるべきなのです。

　では、市場や市場のお客様は何を求めているのでしょうか（図表1.3）。どのようなニーズをもっているのでしょうか。ニーズといっても既に顕在化しているものや、未だに潜在化しているものがあります。特に市場や市場のお客様自身も気づいていないような潜在化しているニーズを、市場や市場のお客様以上に真剣に考えて、いち早く見つけ出さなければならないのです。そして、いち早く見つけ出したニーズを満足してもらえる製品やサービスとして素早く具現化して、他に先駆けて市場に送り出すことが必要なのです。この競争に打ち勝つための力が、これからの国際競争力につながります。

　これを実現するためには、とにかく市場や市場のお客様にしっかりと目を向けることです。市場や市場のお客様のことをよく理解して、どのよう

1.1 問題解決にまつわる時代の変遷

図表1.3　お客様の購入動機

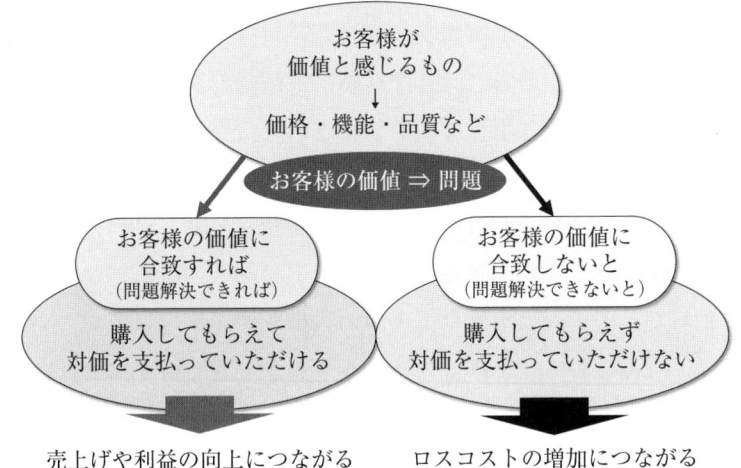

なことに困っているのか、どのようにしたらより良い状態になるのか、ということを徹底的に考え、真の問題を発見するのです。こうして発見された真の問題が、これからの進むべき方向を指し示す道標となるのです。そして、この真の問題が解決できるような製品やサービスを、市場や市場のお客様へ提供し続けていかなければならないのです。

こうして市場や市場のお客様が抱えている問題が解決されていくことで、社会全体がより良い方向へ発展していくことになります。このような活動に取り組むことが企業としての社会貢献であり、このような取組みができる企業だからこそ、市場や市場のお客様から今後も社会に存続してほしいと思ってもらえるのです。

これからは、これまでのように企業の論理でものをつくるのではなく、市場や市場のお客様の論理でものをつくるようにしていかなければなりません。市場や市場のお客様に、喜びをもって価値を感じていただくことができ、納得感をもって対価を支払っていただくことができ、満足感をもって使用していただくことができるような、そして最終的に社会貢献につながるような製品やサービスを、未来永劫にわたって継続的に産み出し続け

11

なければならないのです。このためには、顧客満足志向と問題発見力を必須スキルとして高めていく必要があります。

　このように時代の変化を俯瞰してみると、これまでの時代は国内市場を相手にしてHow toを考えていれば良かったけれど、これからの時代は国際市場を相手にしてWhatを考えていかなければならなくなったといえます。誰でも容易に気がつく顕在化している問題に対処するような、いわゆる当たり前品質レベルの価値をもった製品やサービスしかつくることができなければ、低い人件費を強みにしたアジア諸国との低価格競争から抜け出すことができません。市場や市場のお客様ですら未だに気がついていない潜在的な問題を他に先駆けて発見することができて、そのような問題に素早く対処するような、いわゆる魅力的品質レベルの価値をもった製品やサービスをつくることができて初めて、グローバル市場をリードできる存在になるのです。魅力的品質レベルの価値をもった製品やサービスであるからこそ、消費者はその価値に対して正当な対価を支払ってくれるのです。

　このような時代の変化に的確に対応していくために、これまでの時代で有効であったQC的改善力に加えて、これからの時代においては論理的思考・顧客満足志向・問題発見力などによって構成される問題解決力が、必要欠くべからざる能力として求められています。

1.2　これからの時代に求められる能力

◆人の能力

　人の頭の良さを評価する際には、次の3つの基軸で見ているといわれています。
　① 人を動かす力
　② 記憶する力
　③ 考える力
　この3つの力を、自分を取り巻く環境の変化に応じて、バランス良く発

揮することが重要なのです(**図表1.4**)。

人を動かす力とは、いわゆる「機転が利く」ことで、自分を取り巻く周囲の人たちのことに留意しながら、自分が相手の役に立つように振る舞うだけでなく、自分が考えていることの理解を得たり、歩調を合わせてもらえるように、人に働きかける力です。私たちは自分一人ではなく、人とのかかわりのなかで生きていかねばならないため、この力はどのような場合においても常に求められる力なのです。

人を動かす力の源泉となるスキルは、コミュニケーション力とリーダーシップです。コミュニケーションとは、「相互理解するために情報を伝え合い、意味や考えを想像していくこと」であり、ラテン語の分かち合うという言葉に由来するといわれています。自分の考えを伝え、相手の考えを受け止め、共通の概念を共有するというお互いにわかり合うためには必須となるスキルです。リーダーシップとは、「ある一定の目的に向けて人々

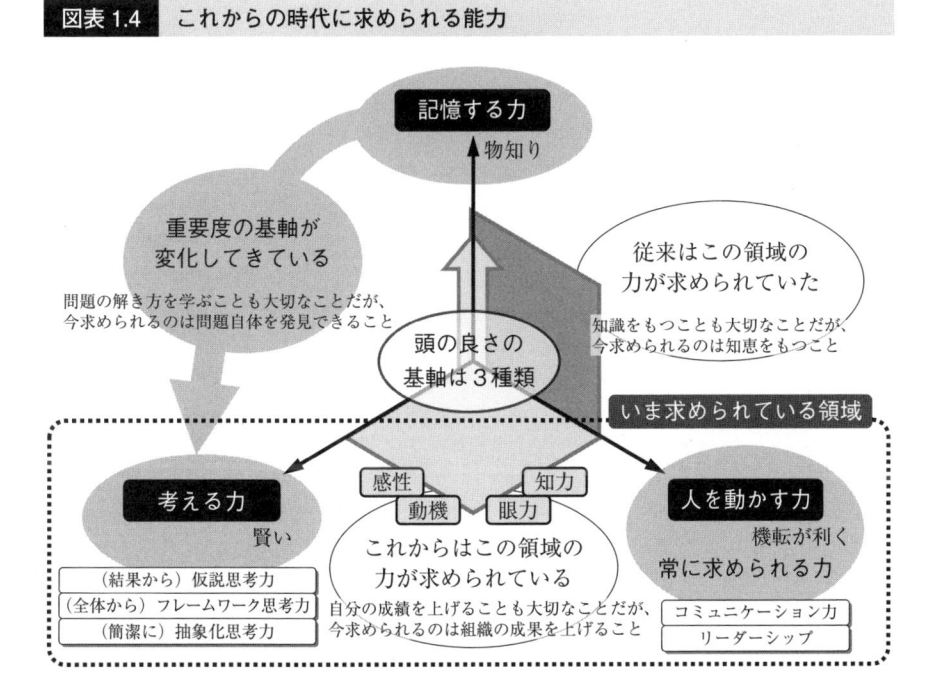

図表1.4　これからの時代に求められる能力

記憶する力 — 物知り

重要度の基軸が変化してきている
問題の解き方を学ぶことも大切なことだが、今求められるのは問題自体を発見できること

従来はこの領域の力が求められていた
知識をもつことも大切なことだが、今求められるのは知恵をもつこと

頭の良さの基軸は3種類

いま求められている領域

考える力 — 賢い
- (結果から) 仮説思考力
- (全体から) フレームワーク思考力
- (簡潔に) 抽象化思考力

感性／動機／知力／眼力
これからはこの領域の力が求められている
自分の成績を上げることも大切なことだが、求められるのは組織の成果を上げること

人を動かす力 — 機転が利く　常に求められる力
- コミュニケーション力
- リーダーシップ

13

に影響を与え、その実現に導くための行為」であり、人への動機づけという要素が強いことからモチベーションリーダーシップといわれることもあります。組織の長やリーダーという組織的役割を担っている人たちだけが発揮すればよいというスキルではなく、組織で働くすべての人が、時と場合に応じて、特に自分が得意としている領域において自ら発揮しなければならないスキルです。

　これらのスキルが乏しい人は、人とのかかわりのなかで期待される役割を十分に果たせず、グループワークにおいて高いパフォーマンスを発揮することができません。これは本人にとっても組織にとっても決して喜ばしいことではありません。ところが、これらのスキルは子供の頃の原体験に大きく影響されがちで、大人になってスキルの乏しさに気づいてから身につけようとしても、容易ではない場合があります。身につけるためにはある種の精神的苦痛を伴うこともありますが、いろいろな訓練や機会を捉えて徐々に不足を補うとともに、より磨きをかけるようにしていくとよいと思います。

　記憶する力とは、いわゆる「物知り」ということです。仕事をするうえで、または人として生きていくうえで必要となる知識をもつことができる力で、頭が良いといったイメージを最も連想しやすい力です。高校や大学、大学院を卒業して企業へ入社してくる新入社員がその好例で、彼らは学校教育を通じて学問としての知識を豊富に吸収してきました。彼らはこの知識をもって、入学試験や入社試験で出題される難しい試験問題に対応してきたのです。

　この力は勉強をして新しい知識を身につけるという、社会人にとって必要不可欠な力であり、この力が乏しい人には向上心が期待できません。勉強は学校でするものであって、これまで嫌というほど学校で勉強してきたので、社会に出たら必要はない、と思っている方が若者のなかに見受けられます。社会人には学校教育では学べなかった知識が必要であり、企業に入れば企業内教育として勉強の機会が与えられます。日々の勉強を通じて、役に立つ知識を獲得する努力を怠らないようにしなければなりません。

1.2 これからの時代に求められる能力

　考える力とは、いわゆる"地頭が良い"ということです。すなわち、これまでの学習を通じて得た豊富な知識を知識のままで頭の中にただ記憶として留めているのではなく、もっている知識をいろいろな場面で活用するための知恵へと変換することができる力で、わかりやすく言えば賢いということです。

　先ほど述べたように、大学や大学院を卒業したばかりの新入社員は豊富な知識をもって企業へ入社してきますが、彼らは職場に配属されてすぐに職場の先輩社員と同等に一人前の仕事ができるのでしょうか。優秀だけど使えない、この言葉は新入社員を評価する言葉としてよく耳にします。新入社員と職場の先輩社員との大きな違いは、先輩社員は現場の仕事で使える知恵を豊富にもっていることです。知恵は頭の中に存在している知識をさまざまな場面で活用する実践経験を通じて獲得できるものなのですが、実は新入社員はこの知識を知恵に変える実践経験が職場の先輩社員と比べて圧倒的に少ないのです。さらに、知識を知恵に変えるためには、頭の中に存在する多くの知識を統合して一つの役に立つ情報を引き出すための賢さも必要となります。要するに、新入社員に求められていることは、学生時代に獲得した豊富な知識をさまざまな実務をとおして実践することで、社会で役立つ知恵を一つでも多くもつことなのです。

　このような考える力の源泉となるスキルは、仮説思考力、フレームワーク思考力、抽象化思考力です。仮説思考力とは、まず仮説を立てて、次に立てた仮説の妥当性を事実データに立脚して検証していくことができる力です。フレームワーク思考力とは、多様な観点をもった思考の枠組みをとおして、全体的視点で体系的に物事を捉えることができる力です。抽象化思考力とは、物事の要点を見極めて、その要点を一般化もしくは体系化したうえで簡潔に表現することができる力です。これらは、数多くの情報をもとにして新たな情報や考え方を産み出すために必要なスキルであり、まさにビックデータといわれる多様なデータを分析して問題となる点を発見するために役立ちます。

◆必要とされる能力の変化

　人の頭の良さを評価する3つの基軸についても時代の変化が見られ、これまでの時代とこれからの時代とでは重要度の相対関係が変化してきています。すなわち、国内市場を主体としてHow toを考えていれば良かった時代から、国際市場を主体としてWhatを考えなければならなくなった時代とでは、求められる人材像も当然のことながら変化してきていることを認識しなければなりません。人の頭の良さを評価する3つの基軸に関する重要度の相対関係が変化してきているのです(図表1.4)。

　人は自分を取り巻く周囲の人たちとかかわりをもちながら、お互いに助けたり助けられたりすることを通じて、さまざまな思いを達成しながら生きていかねばなりません。人生においては自分の将来像などについて、仕事においては成果目標などについて、このようなことで着実に結果を出していくためには、必要に応じて他の人たちの力を求めなければならないことが多々あります。このためには人を動かす力が必要であり、たとえ時代がどのように変化しようとも、人が人とのかかわりのなかで生きていかねばならない限りは、この力は常に求められる力であることは既に説明しました。

　一方で、どのようにつくるのかが問われていたこれまでの時代、すなわちHow toの時代において結果を出すためには、ものをつくるためのスキルや技術、経験がとても重要な要素になっていました。これには記憶する力が必要であったことから、この「記憶する力」と常に求められる「人を動かす力」の2軸で形成される領域が、これまでの時代において幅を利かせていた人の素養でした。

　ところが、何をつくるのかが問われるこれからの時代、すなわちWhatの時代において結果を出すためには、ものをつくるためのスキルや技術、経験だけでなく、市場や市場のお客様からなすべきことを知るための思考力や分析力、想像力がとても重要な要素です。これには考える力が必要であることから、この「考える力」と常に求められる「人を動かす力」の2

軸で形成される領域が、これからの時代において幅を利かせる人の素養といえます。そして、この領域が問題解決力そのものを示しているのです。

つまり、必要とされる力が記憶する力から考える力へと大きく変化してきたため、幅を利かせる人の素養が大きく変化してきたのです。しかも、自分だけが成果を上げるのではなく、メンバーと協力して組織として成果を上げられるような、自分を取り巻く人たちと積極的にかかわっていく行動特性が求められるようになってきました。これからの時代においてはいくら個人的能力が高くても、付き合い下手や引っ込み思案というような、人とのかかわりが上手くできない人は求められる成果を上げられる人にはなりにくいでしょう。

1.3　問題解決って何？

◆問題解決に関する基本認識

問題解決という言葉から、読者の皆さんはさまざまなことを連想されると思います。目的や目標を達成するための活動であったり、トラブルや困り事を解決するための方法や手段であったり、QC 七つ道具を始めとした統計的手法を活用した取組みであったり、人によって捉え方はさまざまだと思います。問題解決という言葉は非常に奥深く、かつ幅広い概念をもっているため、人によってさまざまな捉え方をされがちです。

このようなことが理由となって、問題解決に関する議論をするとさまざまな意見が飛び交って、全員が納得するような統一的な見解に至らないことがよくあります。人によって考えている視点やレベルがさまざまに異なっていることで、いわゆる共通の土俵の上で相撲がとれていないような混乱のなかで議論がなされています。これでは地に足のついた噛み合った議論ができるはずがありません。

このような混乱を避けるために、本書では「問題解決」を
- 今まさに取り組むべき問題を発見し、

第1章　問題解決力の必要性と重要性

- 発見した問題を解決へ導くための課題を設定し、
- 設定した課題を継続的取組みを通じて達成していく、

という一連の活動プロセスを実践することと定義します。そして、この問題解決に取り組むための一連の活動プロセスを「問題解決プロセス」と呼び、このプロセスに則って日常業務に取り組んでいくことを「問題解決行動」と呼びます。さらに、この問題解決行動を着実に実践するために必要となる一連の実務能力の集合体のことを、「問題解決スキル」と呼びます。問題解決スキルについては後ほど説明します。

このように考えると、問題解決力とは、

- 問題解決スキルを駆使して、
- 問題解決プロセスにもとづいた問題解決行動を、
- 日常業務のなかで実践するための総合実務能力、

ということができます(図表1.5)。一言でいえば、問題解決スキルを駆使して問題解決行動をとるための業務遂行力が問題解決力です。したがって、

図表 1.5　問題解決力とは

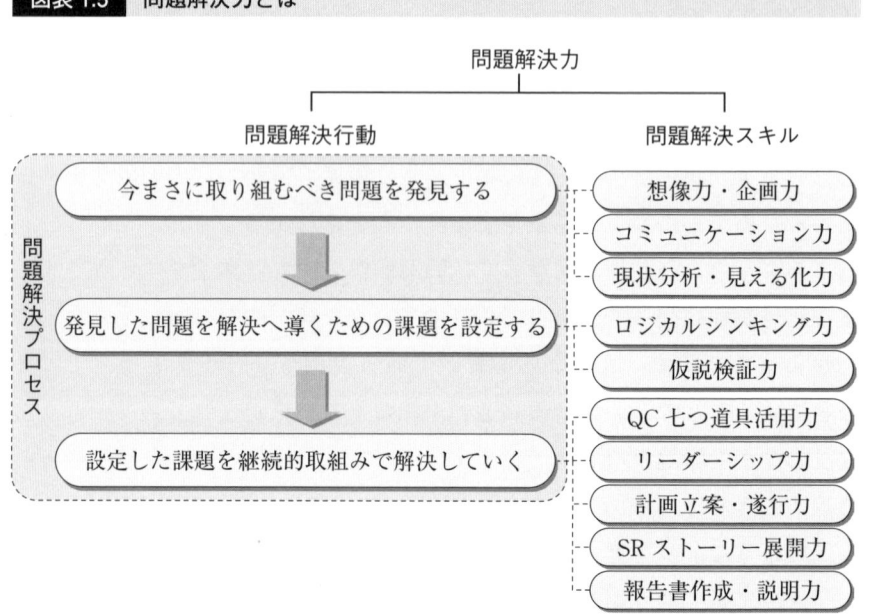

問題解決力がある人とは、問題解決スキルを駆使して問題解決行動がとれる人ということになります。読者のみなさんは「自分は問題解決力がある」と胸を張って言うことができますか？

◆仕事の基本としての問題解決力

このように、問題解決プロセス、問題解決行動、問題解決スキル、問題解決力などのイメージが整理されてくると、問題解決力とは理系もしくは技術職の方々のために存在する能力ではないことがわかると思います。営業職やスタッフ職の方々にとっても、さらにはこの世で生活しているすべての人たちにとって、生きていくために必要な能力であることがわかると思います。なぜなら、問題は誰にでもどこにでも存在するものであり、問題を正しい進め方で解決していくことは誰にとっても必要なことなのです。すなわち、どのような仕事に従事していようとすべての人に対して必ず求められる、まさに仕事の基本そのものなのです。

仕事の基本が身についてくると、自分なりになすべきことを自覚できるようになります。これによって、自ら考えて行動するという自律行動が誘発されてくるので、この仕事の基本となる問題解決力はできるだけ早い段階で身につけておいたほうが良いのです。

改めて、問題解決とは何でしょうか。本章の冒頭で説明しましたが、一口でまとめると、問題を発見し、課題を設定し、継続的に解決していくこと、という言い方ができると思います。そして、このような一連の行動にもとづいて問題解決活動を正しく実践できる人とは、仕事の基本が身についていて、自律行動をとることができて、生きる力をもっている人であり、このような方々が問題解決力をもっている人といえるのです。いち早く一連の問題解決スキルを身につけて、一日でも早くこのような人物になることを、私たちは今求められているのです。

1.4 問題って何？

◆問題意識をもつ

　問題解決と同様に、問題という言葉も非常に奥深くかつ幅広い概念をもっています。「問題は何ですか？」と問われたときに、ある人は仕事が上手く進まないことを連想したり、ある人はトラブルが発生することを連想したり、ある人はトラブルそのもののことを連想したりといったように、さまざまな答えが頭に連想されてくると思います。実際に多くの方々がこのように回答すると思います。でも、ここで考えてほしいことは、このようなことが本当に問題といえるものなのかということです。時にはしたり顔で「自分には問題がない」という人もいますが、このような人は問題意識が乏しい典型的な例であり、論外です。

　仕事が上手く進まない、トラブルが発生する、トラブルそのものといったようなことは問題を表現したものではなく、現状において発生していることが認識されている、ある望ましくない状態を表現しているのに過ぎないのです。実は、こうした望ましくない状態を発生させている源泉となっている「もの」や「こと」が、私たちが本来認識しなければならない問題なのです。つまり、問題とはこのような望ましくない状態ではなくて、問題そのものを発見するための糸口となるものなのです。これは非常に大事な考え方なので、頭の中にしっかり叩き込んでください。

　問題を発見するためには問題発見の糸口を摑むことが大切です。この糸口となる望ましくない状態は、次の観点で問題意識をもって身の回りを観察することで、比較的容易に確認することができます。

- やりにくい仕事はないか？
- 困っている点はないか？
- 楽になる点はないか？
- 他部門に迷惑をかけていないか？
- 上司から期待されていることはできているか？

1.4 問題って何？

- 満足のいく仕事はできているか？
- お客様や関連部門からクレームはないか？
- 自分たちの役割を果たせているか？
- 見直しをしていない規則やルールはないか？
- 他と比較して見劣りすることはないか？

そのくらい身の回りには望ましくないことが満ち溢れているのです。ところが面白いことに、同じ環境のなかにいて同じ景色を見ているのに、このような身の回りに満ち溢れている望ましくないことが、とてもよく見える人と、まったくといってよいほど見えていない人が存在するのです。そして、このまったくといってよいほど見えていない方々のなかに、「問題は何ですか？」と問われたときに、したり顔で「自分には問題がない」と答える方々が数多く存在するのです。

このように、人によって望ましくないことが見えたり見えなかったりするのはなぜなのでしょうか。これは人による問題意識の差に起因するものであり、さらにいえば問題意識の源泉となる問題感情の差に起因するものです。問題感情をもっている状態とは、問題となるような状態を感じとれるレーダーが頭の中に張り巡らされている状態といえます。この状態の具体例としては、欲しいものを購入しようとしているときの自分の状態が当てはまります。

欲しいものを購入しようとしているときは、例えば欲しい車を購入しようとしているときなどは、車のことを少しでも多く知りたいと探求心が旺盛な状態になっていて、車のカタログに記載された事細かな説明内容が驚くほどによく理解できて、街中を走行している車がよく目につきます。自分が欲しい車を得るために必要な情報の一つひとつを見逃すことなく、しかもそれらの得られた情報を通じて、より確実な選択をしようと最大限の想像力が働いている状態なのです。ところが、欲しい車を購入してしまうと、このような状態が徐々に影を潜めていくようになり、やがてはまったく無関心な状態となってしまうのです。

このように、欲しいものを購入しようとしているときに見られるような、

第1章 問題解決力の必要性と重要性

いわゆる気持ちが高まっている状態が問題感情をもっている状態なのです。つまり、問題感情をもつには物事に対して好奇心と探求心を強く抱くことが必要ですが、これは意識すれば誰にでもできることなのです。そして、自分の仕事だけではなく市場や市場のお客様に対して、問題感情を自覚してもつことができるようになることが必要なのです。

問題感情を自覚してもつことができるようになると、身の回りの望ましくない状態が実によく目に止まるようになります。そして、この望ましくない状態をきっかけにして問題意識が引き起こされることで図表1.6に示すような意識の変化が、頭の中に引き起こされてきます。例えば、困っている点はないか、という意識で好奇心や探求心をもって身の回りを眺めていると、仕事場が汚いというようなことを、何か変なこととして「感じる」ようになります。これが問題意識の始まりです。そして、問題意識が次第に高まっていくと、仕事場の清掃は定期的に行われているのかといったようなことを、何かおかしいこととして「思う」ようになります。さらに、掃除当番のルールがきちんと守られているのかといったようなことを、何かありそうなこととして「考える」ようになります。このようにして、掃除当番のルールに何か問題があるのではないか、といったようなことに対して問題意識をもてるようになるのです。

図表1.6 問題意識の変化

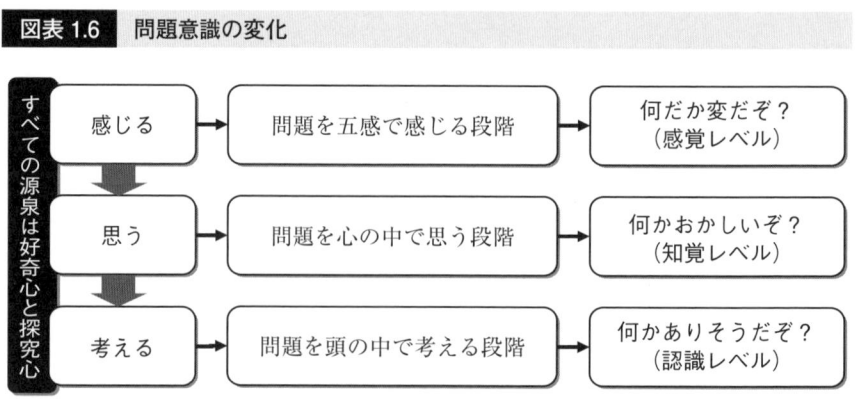

◆問題を認識する

　しかし、この段階は望ましくない状態に関する問題の所在がわかってきただけで、まだ問題そのものを突き止める段階には至っていないのです。こうした状態は、このような望ましくない状態が発生しない「あるべき姿」に対して、「現状」にまだ「あるべき姿」を実現していない領域、いわゆるギャップが存在することで発生する、と考えるのです。すなわち、このギャップが存在していることが「問題」であり、この問題を源泉として望ましくない状態が引き起こされていると考えるのです。

　仕事場が汚いという望ましくない状態は、掃除当番のルールがきちんと守られている「あるべき姿」と、掃除当番のルールがきちんと守られていない「現状」との間に、仕事場が汚い状態を引き起こすギャップが存在していることで顕在化しているのです。この「あるべき姿」と「現状」とのギャップは、仕事場をきれいに保つことができる掃除当番のルールや運用方法などを「あるべき姿」として定義し、現在実施されている掃除当番のルールや運用方法などを「現状」として事実データにもとづいて明確化することで、この両者の引き算として具体的に認識することができます。この「あるべき姿」と「現状」との間に存在しているギャップを埋めない限り、望ましくない状態は解消しないのです。

　仕事場が汚いからといって、仕事場をきれいにするように指示を出しているだけでは、単に対症療法的な是正措置を実施しているだけなので、仕事場が汚いという状態は再発する恐れがあります。このような取組み方では問題が解決する訳がないということはすぐにわかると思いますが、望ましくない状態を問題と誤認したままで問題解決に取り組んでしまうようなことを、私たちは無意識のうちに行っていることが多いのです。仕事場が汚いという状態は、実際に実施されている掃除当番のルールや運用方法を、仕事場をきれいに保つことができる掃除当番のルールや運用方法に変えていくような、根治療法的な是正措置を実施しなければ解決できないのです。このような取組みが問題解決なのです。

第1章　問題解決力の必要性と重要性

　これからは、「望ましくない状態」と「問題」はまったく違うものであると強く認識して、決して混同しないようにしてください（**図表1.7**）。この両者を混同して望ましくない状態を問題として誤認してしまうと、望ましくない状態に直接対策を講じる対症療法型のモグラ叩き的問題解決行動に陥ることになってしまいます。望ましくない状態自体にいくら対策を講じたとしても、望ましくない状態を発生させている問題に対策を講じている訳ではないので、まぐれ当たりか波及効果でも起きない限りは問題が解消されることはありません。このため、問題が相変わらず存在した状態となるため、問題は暫くすると姿かたちを変えて新たな望ましくない状態を発生させます。これが再発防止ができていないということであり、相も変わらず望ましくない状態に対策を講じていくということが続いて、典型的な対症療法型のモグラ叩き的問題解決行動に陥るのです。これではまるで泥沼状態ですが、実はあらゆるところで実際にこのようなことが起きてい

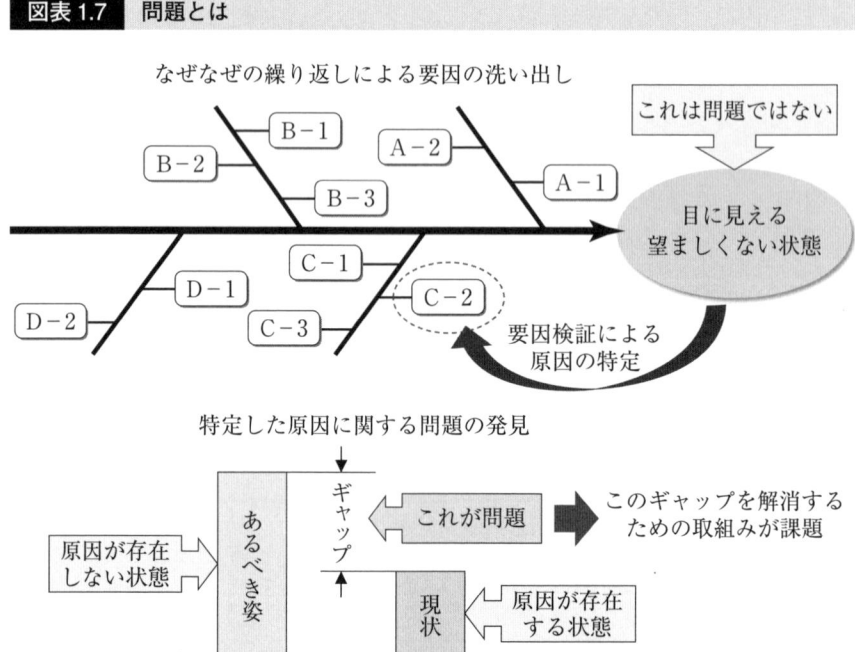

図表1.7　問題とは

るのです。

　これからは、「問題って何？」と問われたら、本書の読者の皆様は「あるべき姿と現状とのギャップ」と即座に答えられるようになってください。そして、望ましくない状態と問題を決して混同せず、望ましくない状態を引き起こしている問題に対して、確実に対策を講じることができるように取り組んでください。

　そのためには、問題を認識するための基本的な取組みとして、

- まずは問題感情をもって問題発見の糸口となる望ましくない状態を見つけ
- 好奇心と探求心を発揮して問題意識を高めていくことで問題の所在を知り
- 問題が発生しない状態である「あるべき姿」を想像し
- 事実としての「現状」とのギャップを「問題」として認識する

という考え方が必要です。このようにして「問題」を正しく認識することがその後の問題解決行動に結び付いて、問題解決活動の成否に重大な影響を及ぼすことを肝に銘じてください。そして、「問題とはあるべき姿と現状とのギャップ」というフレーズを即座に答えられるだけでなく、このフレーズに含まれている意味をしっかり認識しておくことが大切なことです。

　問題に関する認識が誤っていることで問題解決行動に至らない事例を驚くほど数多く見受けますが、「あるべき姿」と「現状」とのギャップという正しい捉え方で問題を発見することが問題解決の成否に直結します。このように、問題発見という行為は問題解決行動において非常に重要な位置づけをもっているので、問題を正しく認識するように心掛けてください。

1.5　問題解決と改善活動の違い

◆問題発見の重要性

　問題解決と改善活動は、どちらも問題を解決するために行うことという

認識から同じようなものだと思われがちですが、本質的には違うものだと考えたほうが良いと思います。問題解決は前述したように、「あるべき姿」と「現状」とのギャップという捉え方で問題自体を発見することから始まるため、問題を発見するための過程がとても重要な要素になっています。一方で、改善活動では問題を発見する過程はそれほど重要な要素ではなく、ばらつきの低減といったように課題が既に明確になっている場合がほとんどです。

　例えば、改善活動の代表的事例であるトラブル改善を例にとると、まずは改善対象となるトラブルが明確になっていて、そのトラブルを引き起こした直接的な原因を明確化することが必要となります。そして、その原因に対して必要な対策を実施することでトラブルを解決するという、トラブルそのものに焦点を当てた活動がなされます。ところが問題解決においては、トラブルそのものではなく、トラブルの発生を引き起こしている構造的な欠陥を明確化することが重要となります。そして、その欠陥に対して必要な対策を実施することで構造的な欠陥を解消し、同様のトラブルが二度と発生しない状態を実現するという、構造的な欠陥に焦点を当てた活動がなされます。

　このように、トラブルを引き起こしている直接的な原因に焦点を当てるのか、トラブルを引き起こしている構造的な欠陥に焦点を当てるのか、といった視点の違いが改善活動と問題解決との間には存在するのです。この構造的な欠陥に焦点を当てるために、問題解決では問題発見という過程が必要不可欠なものとなります。このことが、問題解決と改善活動との本質的な違いなのです。

◆改善活動

　改善活動はそれ自体が問題解決とは独立して存在しうるものですが、その一方で、改善活動は問題解決の一部を構成していて、問題発見を前工程としたときの後工程となっている、という見方をすることができます(**図表 1.8**)。要するに、問題解決とは、前工程である問題発見の工程にて構造

図表1.8　問題解決活動と改善活動の違い

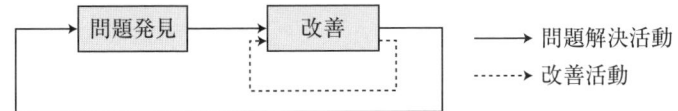

的な欠陥を問題として明確化し、次工程である改善活動にて構造的な欠陥の一つひとつの要素に対して原因を明確化し、対策を実施していく総合的な取組みと考えることができます。このようなことから、問題解決は確実な再発防止につながる、変革を誘発するような取組みになるのです。

一方で、改善活動は、それが独立して存在する場合には問題を発見する工程が存在しないために、表面的な現象に対して対策するような対症療法的な取組みに留まりがちであることから、再発防止を期待しにくい活動です。ところが、**図表1.8**のようにもし改善活動が問題発見の次工程として行われるような場合には、前工程として問題を発見する工程が存在するために、構造的な欠陥を解消するような根治療法的な取組みに発展しうることから、再発防止が期待しやすい活動となるのです。

改善活動のなかでも対症療法的な改善活動を得意としている人が、自分は問題解決力があると思っていたり、他の人から問題解決力がある人と思われたりということがしばしば見受けられます。技術者が技術を駆使して目先の設計トラブルを改善するケースなどは、問題解決力ではなく技術力で改善を行う典型的なケースであるにもかかわらず、このような人たちの多くが自分は問題解決力がある技術者であると思い込んでいることがあります。このようなことが、問題解決は技術者のためのもの、技術者は問題解決力が高い、といったある意味で誤った錯覚を引き起こしているといえます。

独立して存在する改善活動はテーマ、すなわち問題ありきで始まる場合が一般的なので、問題自体を発見することが疎かになりがちなことは前述したとおりです。したがって、このような改善活動に長けた人が陥りやすい落とし穴は、問題を発見できていない点に気がつかないことです。日常

的に次から次へと発生してくるトラブルに対して、モグラ叩き的な対応を繰り返し数多く経験してきたとしても、問題解決力はそれほど高まることがありません。

◆問題解決活動

問題解決活動を最も単純なイメージで表現すると、「問題発見活動＋改善活動」という言い方ができます。しかも、このなかの改善活動は、問題発見活動を通じて発見した諸問題を解決するためのもので、取り組むべき複数の活動の集まりであるといえます。すなわち、発見した問題のイメージが大きくなればなるほど、その問題を解決するためにより多くの改善活動に継続的に取り組むことが必要となってくるのです。

このように、問題解決は改善活動を包含したより広い概念で認識すべき活動であり、改善活動との本質的な違いは問題発見活動が必要不可欠な存在になっていることです。すなわち、この問題発見活動が問題解決の重要性そのものなのです。問題解決は問題を発見することから始まり、問題を発見することなしには始まらない活動なのです。このようなことから、問題発見力を高めることが非常に重要といえるのです。

第2章 問題解決スキル

2.1 問題解決フレームワークで考える

　問題解決行動を確実に遂行するためには問題解決スキルが必要不可欠であることは前述したとおりですが、ここでは問題解決スキルの内容を明確にします。問題解決スキルについて具体的な説明に入る前に、改めて問題解決について確認しておきます。

　これまでも、
- 「問題」とは「あるべき姿」と「現状」とのギャップ
- 問題解決とは「あるべき姿」の実現へ向けて「現状」を変えていく活動

であることを何度も説明してきました(図表2.1)。問題解決を実践するためには、常にこのフレームワークで物事を考えることが必要です。問題解決をこのような視点で見ると、
- 問題を発見する
- 解決行動をとる
- 関係者を巻き込む

という一連の具体的行動を実践することがキーポイントとなります。この一連の具体的行動を確実に実践するために必要なスキルが問題解決スキル

第2章 問題解決スキル

図表 2.1 問題解決のフレームワーク

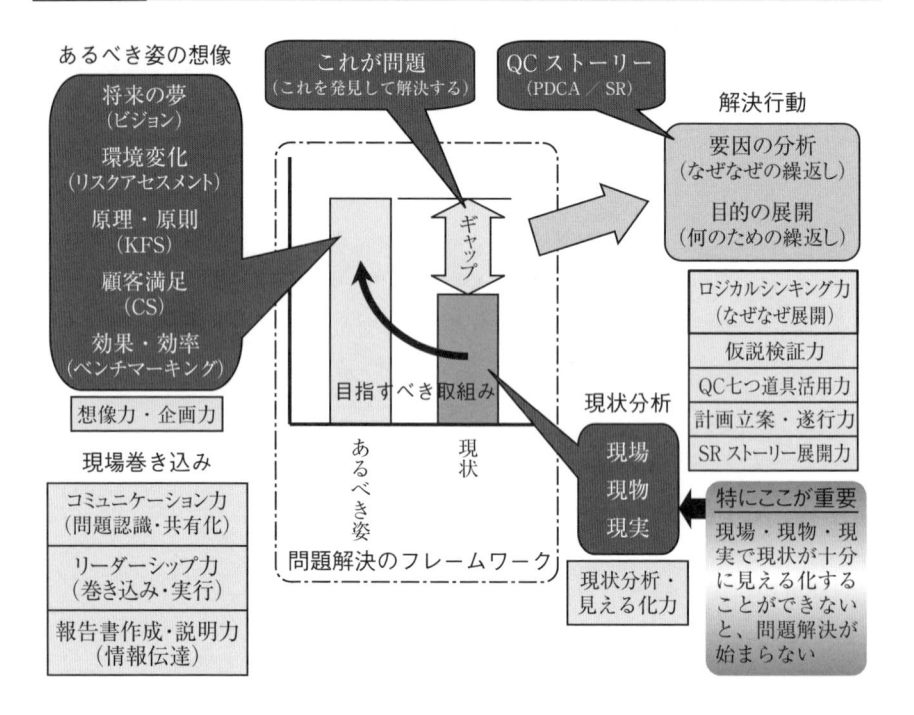

なのです。

2.2 問題を発見する

◆環境与件を認識してあるべき姿を想像する

それではまず初めに、「環境与件を認識してあるべき姿を想像する」ために必要なスキルについて考えてみましょう。環境与件を認識するためにはさまざまな方法がありますが、ここでは次の5つの視点から環境与件を考えます。

- 「将来の夢」をもつ。
- 「環境変化」を把握する。

- 「原理・原則」を自覚する。
- 「顧客満足」を追求する。
- 「効果・効率」を意識する。

これらの5つの視点について簡単に説明すると、次のとおりです。
- 「将来の夢」とは自分として実現したいこと
- 「環境変化」とは自分の身の回りにまつわる今もしくはこれからの変化
- 「原理・原則」とは自分の取組みの成否を左右する必要不可欠な要素
- 「顧客満足」とは自分の取組みの市場価値をより高めるための要件
- 「効果・効率」とは自分の取組みの競争力をより高めるための視点

どの一つを捉えてみても、将来へ向けてより良い成果を勝ち取るためには欠くことができない情報です。

環境与件を認識するということは、これらの情報を単に収集することに留まるのではなく、これらの情報を頭の中に叩き込んだうえで、将来に向けて今何が求められているのか、ということについて頭を振り絞って徹底的に考え出すことなのです。このときに必要とされるスキルが想像力・企画力であり、将来に向けて今何が求められているのかについて頭の中で演繹的にイメージできる力のことなのです。そして、この結果として頭の中に浮かび上がってきたイメージが、これから目指すべき「あるべき姿」となるものなのです。

このようにして想像された「あるべき姿」の内容の質や具体性、さらにそのレベルの高さは、「現状」とのギャップとして発見される「問題」の的確性に決定的な影響を及ぼします。「あるべき姿」の内容が充実しているほど、「問題」の内容は多くの経営資源を費やしても解決する価値があるものになります。一方で、「あるべき姿」の内容が陳腐であるほど、解決する必要性に疑問を生じるような、ほとんど価値がないようなものになってしまいます。こうしたことから、想像力・企画力は問題を発見するためにとても重要なスキルであることがわかると思います。想像力・企画

力は考える力の根幹をなすものですが、近頃は社会人だけではなく現役の学生たちも考える力が低下しているといわれています。パソコンやインターネットなどの情報機器の進化によって、さまざまな情報がインターネットを通じて容易に得られるようになってきたことから、疑問に対して自ら考えることなしに、まずは便利なインターネットで答え探しをするという傾向が高まっているようです。この傾向は特に学生たちの間で高くなっており、卒業論文などはインターネットから得た情報をパッチ当てのように貼り付けただけのような、学生自らのオリジナリティ溢れるアイデアが垣間見られない内容になっている、という話をよく耳にします。企業のなかでも、「この頃考えることをしていないなぁ」ということを嘆く社員が増えています。是非このような傾向を打破して、想像力・企画力でものを考えるという癖をつけてください。

◆事実データに立脚して現状を分析する

次に、「事実データに立脚して現状を分析する」ために必要なスキルについて考えてみましょう。私たちは日常において分析という言葉をよく使います。ここで、分析ということの意味について少し考えてみましょう。分析の「分」は、「分ける」とか「わかる」という意味があるといわれています。分析の「析」は、「木」と「斤」を組み合わせた漢字で、「木」は樹木を、「斤」は斧を示していて、斧で薪を2つに切り分けるという意味があるといわれています。ということは、分析という言葉は、物事を細かく切り分けていくことで内容がわかる、という意味をもつといえそうです。

ここで、物事を現状から発生してくるさまざまな事実データであると考えると、この事実データを切り分けて徐々に細分化していくことで、事実データの中に潜在している個々の事実を浮かび上がらせていき、その個々の事実を再構成しながら全体像を把握していくという取組みが分析という行為なのです。分析ができるようになると、その結果として作成されるグラフは、論点が明確で、訴求力があって、現状を十分に見える化できる内容になってきます。ただ単に表面的な事実データを使ってグラフを綺麗に

作成すればよいわけではありません。

　このように考えると、分析とは、現場・現物・現実の三現主義で把握した事実データにもとづいて、帰納的な考え方で現状を見える化していくことであるといえます。この分析を行うために必要となるスキルが現状分析・見える化力なのです。そして、この現状分析・見える化力のベースとなるものは、良い子と悪い子という視点による事実データの層別であり、

- 良い子は事実データが示している相対的に好ましい部分
- 悪い子は事実データが示している相対的に好ましくない部分

として、良い子と悪い子が比較できるように事実データを仕分けするのです。

　例えば、事実データに対する1回目の仕分けで良い子と悪い子を層別し、この層別した悪い子に対して2回目の仕分けでさらに良い子と悪い子を層別する、という具合に悪い子をより深掘りするように層別を順次繰り返していくことで、やがては根幹となっている悪い子が浮かび上がってくるのです。このようにすると、分析過程にストーリー性が出てくるため、論理的思考につながります。そして、良い子と悪い子を層別するためのツールとして、パレート図や散布図などを活用すればよいのです。これらのツールはExcelでつくることができることから、Excelの操作力や活用力が現状分析・見える化力のキーポイントになってくるのです。

　このようにして見える化した「現状」の信憑性や具体性は、「あるべき姿」とのギャップとして発見される「問題」の本質度や適確性に決定的な影響を及ぼします。「現状」が十分に見える化できていると、「問題」の内容は示唆に富んで取り組むべき点が明確になります。一方で、「現状」が十分に見える化できていないと、「問題」の内容は曖昧になり、なすべきことが不明確になります。

　近頃はビッグデータという言葉がブームとなっていますが、このビッグデータを高度な分析ソフトや技術を活用してカッコ良く処理していく作業が分析である、と考えている人がいます。この考え方は間違っているとはいえないのですが、私たちが実際に取り扱う事実データは決してビッグな

ものではなく、むしろExcelで十分に分析できるスモールデータです。

　ところが、このようなスモールデータであっても、Excelを活用して十分な分析が行われていないのが現実なのです。例えば、「Excelを使えますか？」と質問したら、会社の仕事でパソコンを使用している人であれば、ほとんどの人が「Yes」と答えると思います。でも、このような方々がExcelを使用している場面を見てみると、アンケート票やデータ集計表などのいわゆる文書を作表していて、Excel関数や分析ツールを活用してデータ分析に取り組んでいるシーンを目にすることはほとんどありません。Excelはデータを分析することを主目的としたソフトなので、是非このような活用ができるようになってください。

◆問題を明確にする

　これまでも説明してきたように、問題とは望ましくない状態ではなく、あるべき姿と現状との間に生じているギャップのことです。したがって、問題を明確にするためには、あるべき姿と現状の内容が比較できるように明確になっていなければならないのです。環境与件を綿密に検討して素晴らしい内容のあるべき姿を想像したとしても、事実データをもとにして詳細な分析を通じて現状を把握したとしても、両者の内容が引き算できてギャップを認識できるように表現されていないと、問題が明確になってこないのです。

　問題解決を上手く進められない理由の多くは、問題を的確に捉えていないことに起因します。「何が問題なのか？」と質問されて曖昧な答えに終始してしまうのは、あるべき姿と現状が比較できるように明確に認識できていないからなのです。このような状態で問題解決に取り組んだとしても、良い成果が得られるはずがないので注意が必要です。

2.3 解決行動をとる

◆意識した問題解決

　ここで、「QC ストーリーを踏まえて解決行動をとる」ために必要なスキルについて考えてみましょう。私たちはこれまでの人生経験のなかでさまざまなハードルや障害に遭遇しながら、実は数多くの解決行動を経験してきています。例えば、入学試験や就職試験においては、希望している進路を勝ち取るためのハードルとなっている試験に合格するために、試験勉強を通じて自分の不足している知識や能力を補うべく一所懸命になって努力してきたと思います。また、学校や会社などのコミュニティのなかで発生するさまざまなトラブルを解決するために、トラブルの発生原因を突き止めたり、対応策を検討してきたと思います。そして、対応策が実行されてトラブルが解決したと思われたら一件落着となるわけです。

　これらの解決行動に取り組むことになった理由は、入学試験や就職試験であり、学校や会社などのコミュニティで発生するトラブルです。これらは自ら意識することなく、時には嫌でも私たちの目の前に現れる出来事です。このように目の前に現れた出来事を通じて認識された問題に対して取り組まれた問題解決行動を、無意識の問題解決行動と呼びます。

　ところが、私たちがこれから取り組まねばならないのは、無意識の問題解決行動ではなく、意識した問題解決行動なのです。無意識の問題解決行動と意識した問題解決行動は、どこがどのように違うのでしょうか。その違いは、問題が私たちに向かってくるのか、私たちが問題に向かっていくのかというように問題と私たちとの向き合い方にあるのです。

　本書でこれまで説明してきたことは、意識した問題解決行動を実践するためのものですが、問題を発見することがポイントである点については既に認識できていると思います。問題を発見するということが、私たちが問題に向かっていくということであり、このスタンスが意識した問題解決行動につながっていくのです。意識した問題解決行動では、自らの問題意識

にもとづいた本質的かつ根治療法的な取組みが実践できるため、一つひとつの経験の積み重ねが問題解決力の向上に大きく寄与します。一方で、無意識の問題解決行動ではその場凌ぎの対症療法的な取組みに陥りやすいことから、一つひとつの経験の積み重ねが問題解決力の向上に大きく寄与することはありません。私たちは、意識した問題解決行動に取り組むことを求められているのです。

以下では、「あるべき姿」と「現状」のギャップとして自ら発見した「問題」を解決するために、「あるべき姿」の実現へ向けて「現状」を変革するという考え方に則って、意識した問題解決行動を実践するために必要なスキルについて考えていきます。

◆ロジカルシンキング力(論理的に考える)

ロジカルシンキング力とは物事を論理的に考える、いわゆる論理的思考を展開するために必要不可欠なスキルです。まず論理展開を行いたいと思っている検討対象を設定し、この検討対象に対して「なぜなぜ」や「何のため」という問い掛けを繰り返し行うことで、検討対象にまつわる因果関係を整理し明確化する際に役立ちます(図表2.2)。

「なぜなぜ」はトラブルや困り事の発生原因を突き詰めていくときなど、なぜそうなるのかという下位展開の視点で考える方法です。某自動車メーカーでは、製造現場でトラブルが発生したときなど、この「なぜなぜ」を5回繰り返して真の原因を突き止めたといわれています。

例えば、決して遅刻の常習犯ではないある会社員が会社に遅刻してしまったケースを題材にして「なぜなぜ」を展開してみると、

- なぜ会社に遅刻したのか？　⇒朝起きるべき時間に目覚めなかった。
- なぜ目覚めなかったのか？　⇒ぐっすりと寝入ってしまった。
- なぜ寝入ってしまったのか？　⇒前日に友人と深夜まで深酒してしまった。
- なぜ深夜まで深酒してしまったのか？　⇒平日であることを忘れてしまった。

2.3 解決行動をとる

図表 2.2 問題を論理的に認識するための思考の進め方

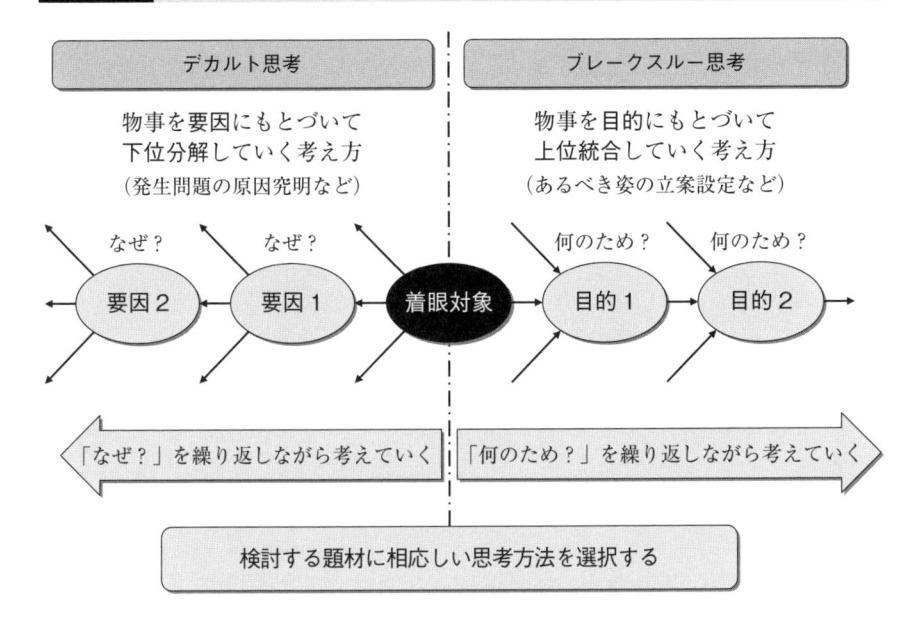

```
        デカルト思考                          ブレークスルー思考
   物事を要因にもとづいて              物事を目的にもとづいて
   下位分解していく考え方              上位統合していく考え方
   （発生問題の原因究明など）          （あるべき姿の立案設定など）

  なぜ？    なぜ？                    何のため？   何のため？
 [要因2]←[要因1]←[着眼対象]→[目的1]→[目的2]

 ←「なぜ？」を繰り返しながら考えていく │ 「何のため？」を繰り返しながら考えていく→

            検討する題材に相応しい思考方法を選択する
```

- なぜ忘れてしまったのか？ ⇒友人が久しぶりに会う旧友だった。

などのように、5回の「なぜなぜ」をとおして遅刻の原因究明へ向けた論理展開を行うことができます。ここで留意すべきことは、「なぜなぜ」は5回という回数を目標にして行うのではなく、真因を捉えたと思われるレベルになるまで行うことです。

では、どのようにしたら真の原因を捉えたと判断できるのでしょうか。これが正解といったようなものはなく、人によって場合によっていろいろな考え方があると思いますが、一般的には効果的な対策が打てるレベルに到達したときです。問題解決の目的が、望ましくない状態を解消することであるとするならば、このことが満足できるレベルまで原因を深掘りできれば、真の原因が追究できたと考えてよいでしょう。

「なぜなぜ」とは逆方向の考え方でロジカルシンキングを行うための論理展開が「何のため」であり、分析的な思考過程をたどる「なぜなぜ」に対して、「何のため」は想像的な思考過程をたどります。「何のため」を考

えることで、目的や狙いといった上位概念にもとづいてより高い視点から物事を捉えられるようになります。結果として視野が広がるだけでなく、新たな価値の創出につながります。問題解決フレームワークで「あるべき姿」を考える場合には、非常に有効な思考プロセスです。

例えば、仕事をする目的を題材にして「何のため」を展開してみると、

- 何のために仕事をしているのか？　⇒スキルを磨くため
- 何のためにスキルを磨くのか？　⇒自己を高めるため
- 何のために自己を高めるのか？　⇒高い収入を得るため
- 何のために高い収入を得るのか？　⇒家族を養うため
- 何のために家族を養うのか？　⇒家族とともに仕事を通じて社会貢献するため

などのように、5回の「何のため」をとおして仕事をする目的についての論理展開を行うことができます。ここで留意すべきことは、「なぜなぜ」のときと同様に「何のため」も単に回数を目標にして行うのではなく、真の目的を捉えたと思われるレベルになるまで行うことです。

では、どのようにしたら真の目的を捉えたと判断できるのでしょうか。問題解決の目的が「あるべき姿」を実現することであるとするならば、このことが満足できるレベルまで目的が上位展開できれば、真の目的を捉えたと考えてよいでしょう。

◆仮説検証力（仮説を検証する）

ロジカルシンキングは「なぜなぜ」や「何のため」の展開を通じて、物事の因果関係を把握するために行います。ところが、このロジカルシンキングによって把握された因果関係の多くは、推測や予測、洞察によって考えられた定性的な仮説に過ぎず、現場・現物・現実の三現主義で定量的に把握された事実データに裏づけられたものではないものが、数多く含まれています。したがって、ロジカルシンキングをとおして得られた定性的な仮説と、定量的に把握された事実データとの間に離齬があった場合には、ロジカルシンキングで把握された結果をすべて正しいものと信じて安易に

行動を起こしてしまうと、後になってとんでもない誤りを犯してしまう可能性があるのです。

仮説検証とは、
① 仮説を設定して
② 設定した仮説の正しさを事実データで検証する

ことです。問題解決での仮説とは主にロジカルシンキングの結果を指しますが、具体的には「なぜなぜ」や「何のため」を展開した結果として作成された特性要因図やロジックツリーのなかで、定性的に表現されている個々の因果関係のことです。すなわち、ロジックツリーや特性要因図を使って表現されている内容は、たとえどれほどもっともらしく表現されていたとしても、事実データで検証されていなければ、それらは裏づけがない単なるお話に過ぎないと考えるべきです。

改善活動を実施する際、まずは特性要因図を作成し、作成した特性要因図をもとにして対策を立案することがよく指摘されます。しかし、作成した特性要因図のなかで表現されている因果関係を検証することはあまり指摘されていないようです。あらゆる要因が網羅された素晴らしい特性要因図を作成したとしても、その要因のなかから対策を実施する要因を選択するときに、選択した要因と結果との間の関係性の強さを検証することなしに対策を実施してしまうようなことがあると、人・物・金という経営資源を注ぎ込んで実施した対策が実を結ばない可能性があります。なぜなら、もし選択した要因が結果との関係性が低いものであったとしたら、要因に対して対策を実施したとしても結果に影響を及ぼすはずがないからです。結果として無駄な対策を実施してしまうことになります。私たちはこのような過ちを犯していることが案外多いのです。

このような過ちを防ぐために必要となるものが要因検証という行為で、これは特性要因図を作成した後に要因のなかから結果との関係性の高い要因を見つけ出す行為です。そして、この結果として見つけ出された要因が、対策を実施して意味がある原因なのです。この原因を見つけ出すためには、散布図や相関分析などを活用して要因と結果との関係性の強弱を事実デー

タをもとにして定量的に検証したうえで、結果との関係性が強い要因を原因として特定すればよいのです(figure 2.3)。そして、対策はこのようにして特定された原因に対して実施すべきです。メンバーの賛成多数とか、思いの強さとか、対策の打ちやすさといったような理由で、選択された要因に対して対策を実施するようなことは、止むを得ない場合を除いて極力避けるべきです。

◆ QC七つ道具活用力／計画立案・遂行力（改善に取り組む）

問題解決活動において問題発見とともに重要なことは、発見した問題を実際に解決していく改善活動です。ここではQCストーリーに則ってQC七つ道具を適切に活用した取組みを展開することが必要となります。

QCストーリーとは、
- 問題解決の専門家ではない現場で働いている人たちが
- 現場を知っている強みを生かして
- 仕事の改善に容易に取り組めるようにすることを目的として
- 改善活動の進め方を定めた手順

といわれています。すなわち、このQCストーリーに則れば、誰でも改善活動に取り組むことができるといえるのです。QCストーリーとして示されている手順は、場合によって活動ステップの数や表現内容に若干の相違がありますが、その一例を**図表2.4**に示します。

図表2.4のような手順を、QC七つ道具として用意された数値解析向けの統計的手法を効果的に活用しながら、一つひとつステップを踏んで改善に取り組んでいくのです。

QCの各活動ステップを確実に遂行する際には、各活動ステップに適したQC七つ道具を活用する必要があります(**図表2.5**)。QC七つ道具とは主に数値データを取り扱うための手法を集めたものであり、次のものがあります。

- **特性要因図**：着眼対象に影響を及ぼすと考えられる要因を整理する。
- **層別**：データを多様な視点で分類する。

図表 2.3 相関分析による結果と要因との因果関係の検証

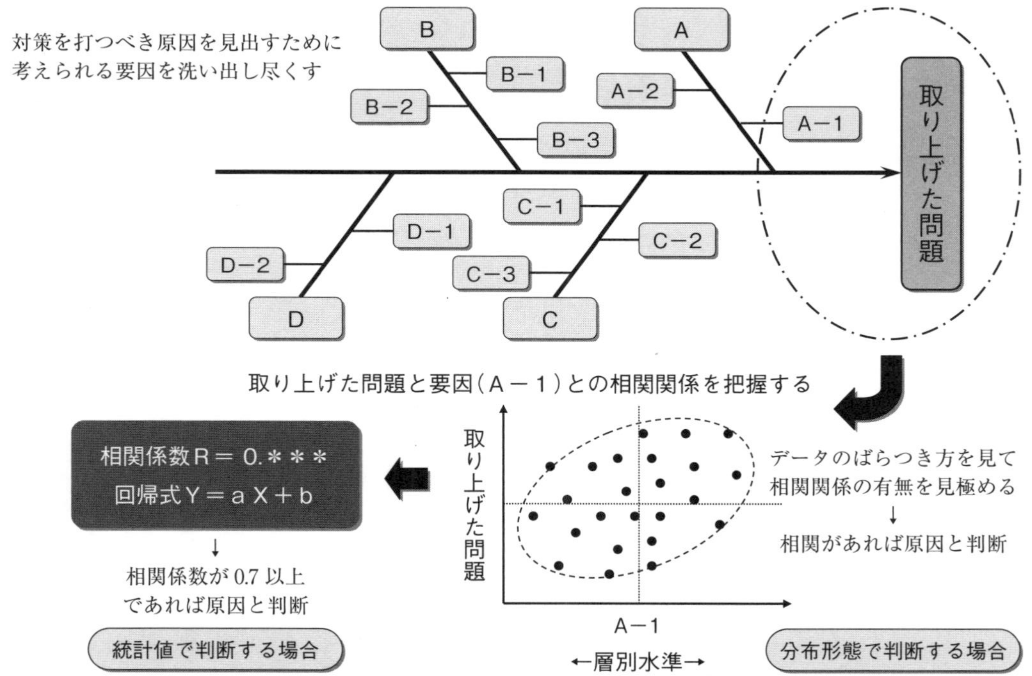
対策を打つべき原因を見出すために
考えられる要因を洗い出し尽くす
A
A−1
A−2
B
B−1
B−2
B−3
C
C−1
C−2
C−3
D
D−1
D−2
取り上げた問題
取り上げた問題と要因（A − 1）との相関関係を把握する
取り上げた問題
A−1
←層別水準→
データのばらつき方を見て
相関関係の有無を見極める
↓
相関があれば原因と判断
分布形態で判断する場合
相関係数R＝ 0.＊＊＊
回帰式Y＝aX＋b
↓
相関係数が 0.7 以上
であれば原因と判断
統計値で判断する場合

図表2.4　QCストーリーの各ステップでの進め方

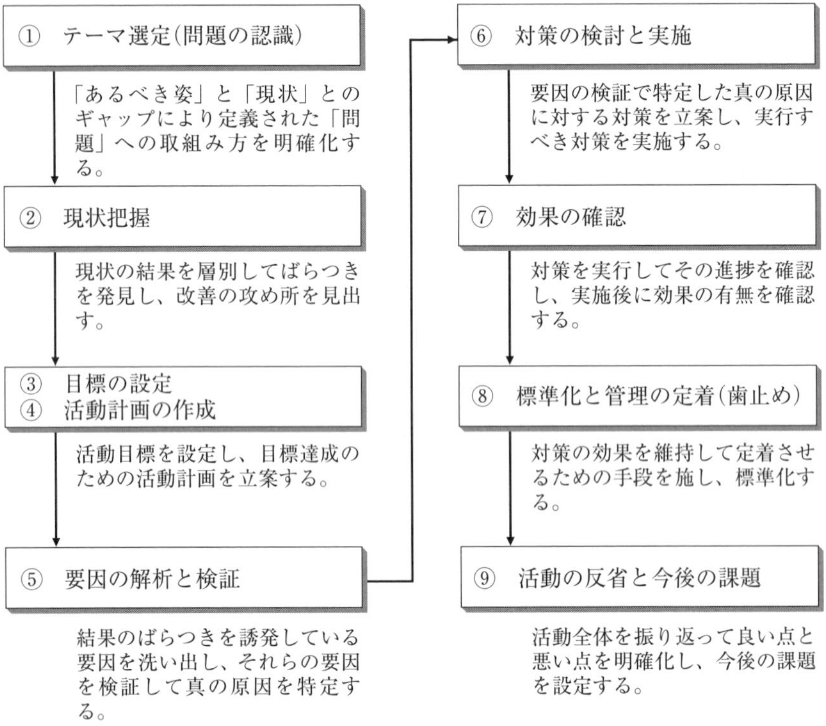

① テーマ選定（問題の認識）
「あるべき姿」と「現状」とのギャップにより定義された「問題」への取組み方を明確化する。

② 現状把握
現状の結果を層別してばらつきを発見し、改善の攻め所を見出す。

③ 目標の設定
④ 活動計画の作成
活動目標を設定し、目標達成のための活動計画を立案する。

⑤ 要因の解析と検証
結果のばらつきを誘発している要因を洗い出し、それらの要因を検証して真の原因を特定する。

⑥ 対策の検討と実施
要因の検証で特定した真の原因に対する対策を立案し、実行すべき対策を実施する。

⑦ 効果の確認
対策を実行してその進捗を確認し、実施後に効果の有無を確認する。

⑧ 標準化と管理の定着（歯止め）
対策の効果を維持して定着させるための手段を施し、標準化する。

⑨ 活動の反省と今後の課題
活動全体を振り返って良い点と悪い点を明確化し、今後の課題を設定する。

- **パレート図**：層別した結果の量的順位を比較する。
- **チェックシート**：着眼対象の出現度数を計測する。
- **ヒストグラム**：区間ごとの発生頻度を比較する。
- **管理図**：状態の推移を把握する。
- **散布図**：データの散らばり度合いを把握する。

これらは実態をさまざまな観点から見える化することを目的として用意されたもので、これらの手法を通じて得られた結果を科学的根拠として意思決定していきます。

◆SRストーリー展開力（活動を整理する）

問題解決活動では、発見した問題を解決するために一つひとつの改善活

2.3 解決行動をとる

図表 2.5 QC ストーリーの各ステップで活用する QC 七つ道具の一例

```
① テーマ選定(問題の認識)
    │ 特性要因図、層別、パレート図など
    ↓
② 現状把握
    │ 層別、パレート図、ヒストグラム、チェックシート、管理図など
    ↓
③ 目標の設定
④ 活動計画の作成
    │ パレート図など
    ↓
⑤ 要因の解析と検証 ──┐
    特性要因図、散布図など │
                      │
⑥ 対策の検討と実施 ←──┘
    │ パレート図など
    ↓
⑦ 効果の確認
    │ パレート図、ヒストグラムなど
    ↓
⑧ 標準化と管理の定着(歯止め)
    ↓
⑨ 活動の反省と今後の課題
```

動に継続的に取り組んでいくことが一般的なスタイルとなります。そこで、この一つひとつの改善活動がどのように取り組まれて、どのような結果が得られたのか。そして、この一つひとつの改善活動を通じて発見した問題がどの程度まで解決されてきているのか、といったような改善活動の経緯を整理して見える化することが、より適確な問題解決活動に取り組むために必要となります。

そのためには、SR ストーリーという考え方で一連の改善活動の経緯を整理することが有効な手段となります(**図表 2.6**)。SR ストーリーは、拙著『技術者の仕事の基本 問題解決力』では「問題解決ヒストリー」という名称で紹介しており、

- S は System の頭文字　⇒仕事のやり方や仕組みを表現する記号
- R は Result の頭文字　⇒仕事の結果や出来栄えを表現する記号

といった概念で、

- ステップ 1：これまでの実態(過去)

43

第2章 問題解決スキル

図表2.6 SRストーリーによる改善活動の全体的整理

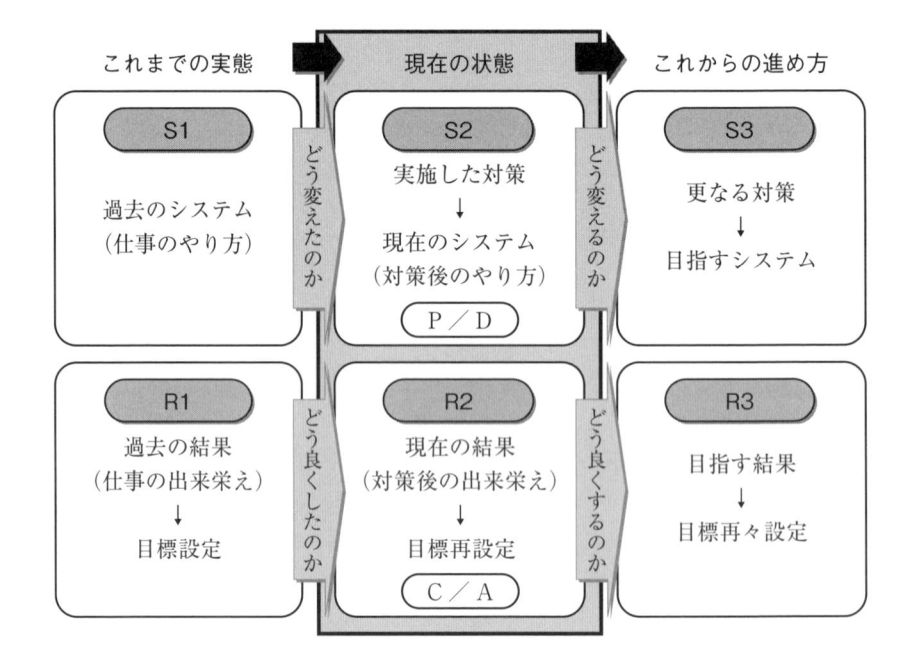

これまでの実態	現在の状態	これからの進め方
S1 過去のシステム (仕事のやり方)	**S2** 実施した対策 ↓ 現在のシステム (対策後のやり方) P／D	**S3** 更なる対策 ↓ 目指すシステム
どう変えたのか		どう変えるのか
R1 過去の結果 (仕事の出来栄え) ↓ 目標設定	**R2** 現在の結果 (対策後の出来栄え) ↓ 目標再設定 C／A	**R3** 目指す結果 ↓ 目標再々設定
どう良くしたのか		どう良くするのか

- ステップ2：現在の状態
- ステップ3：これからの進め方（将来）

というように時系列を表現することで、SとRを基軸にして改善活動による仕事の変遷を1→2→3と順序立てて歴史絵巻のように整理していく考え方です。

一つの改善活動が完了したときにSRストーリーにもとづいた整理を行うと、ステップ1（これまでの実態）、ステップ2（現在の状態）、ステップ3（これからの進め方）、という時系列で、S（やり方や仕組み）とR（結果や出来栄え）を対比して見える化できます。そのため、活動の流れを非常に理解しやすく表現することができます。このように活動の流れを整理することで、個々の改善活動にとらわれずに全体的な視点で問題解決に取り組んでいくことができ、より適確な活動を展開することができます。

2.4 関係者を巻き込む

◆関係者を巻き込むことの重要性

　問題解決活動は自分一人でも十分に取り組めるものですが、より質が高く効果的な成果を求めようとすると、より大きな規模でより多くの人たちとともに取り組むことが必要となってきます。本書の冒頭でも述べたように、これからの時代は組織としての成果を上げられる人が求められていることから、自ずと人とのかかわりが欠かせません。しかも、彼らは自分とは異なる多様な考え方をもっている人たちなのです。それでも、組織としての成果を上げるためには、このような人たちと上手く仕事を進めていかなければならないのです。このため、以下のようなスキルが求められます。

- 関係者と上手くかかわってお互いにわかり合うためのコミュニケーション
- 得意分野や役割意識にもとづいて関係者の意識を高めるためのリーダーシップ
- 提案内容や活動結果を関係者へわかりやすく伝えるための報告書作成・説明力

　これらのスキルを総動員しながら関係者とより良い人間関係を構築し、共通の目標に向かって関係者が一丸となって取り組んでいくことが、組織としてより大きな成果を上げるために重要なのです。

◆より良いグループワークを形成する

　「人」という文字はお互いに寄り添って助け合っている姿を表現しているという解釈がありますが、実は一人の人が両足で踏ん張って自立して立っている姿を表現しているのだそうです。「人」とは助け合うことではなく、自立していることが前提となっているのです。そして、この前提はグループワークについて考えるときにとても大事なことです。すなわち、グループワークに参画しているメンバーは助けを求めて集まっているので

はなく、自らの考えをもって集まっているのです。

　このような前提に立って考えると、グループワークとは、さまざまな考えをもったメンバーが集まって、お互いに自らの考えを伝え合ったり、他のメンバーの考えを受け止め合ったりして、結果としてすべてのメンバーで共通の理解を得たうえで活動を展開することといえます。もちろん、グループワークを通じて困っているメンバーに対して救いの手を差し伸べることを否定するものではありません。

　グループワークにおいてはメンバーが相互に理解し合うことが必要ですが、各メンバー理解の状態には、次の４種類が考えられます。

- アンノウン　⇒メンバー全員が知らない状態
- プライベート　⇒自分だけが知っていて、他のメンバーが知らない状態
- ブラインド　⇒自分だけが知らないで、他のメンバーが知っている状態
- パブリック　⇒メンバー全員が知っている状態

　このなかのパブリックの状態をいち早く実現することが、より良いグループワークを形成するためにとても大切なのです。そして、この各々の状態に応じて自分としてのグループワークへのかかわり方が、次のように変わってくるのです。

- アンノウン　⇒メンバー全員で勉強する
- プライベート　⇒自分がリーダーシップを発揮して共通理解に努める
- ブラインド　⇒コミュニケーションを通じて自分としての理解に努める

　このようにグループワークの状況を踏まえて自分の立ち位置を常に意識することで、その状況に応じて臨機応変な対応ができるようになるのです。

　コミュニケーションとは単に話し合えばよいのではなく、お互いに理解し合うことなのです。リーダーシップとはリーダーだけが発揮すればよいのではなく、全メンバーが自分の持ち味に応じてお互いに発揮し合うもの

なのです。報告書作成・説明とは単に情報を提供すればよいのではなく、全員がパブリックな状態になるために行うことなのです。このような対応を各々のメンバーが必要に応じて確実に行うことで、より良いグループワークを形成できるようになり、関係者を巻き込むことができるようになり、さらには大きな目標に向かって関係者が一致団結した問題解決行動を実践できるようになるのです。

◆より良いグループ討議を行う

　グループワークにおいては、グループ討議を通じて関係者間の共通理解を得ることが大切です。ところが、グループ討議に参加しているにもかかわらず、一言も発言しないで討議内容をただ単に聞いているだけという人がいます。グループ討議に参加を求められるということは、その人がもっている知識やこれまでに培ってきた経験を討議結果に反映してほしいからなので、各参加者には自ずと積極的な発言が求められます。

　一方で、各参加者が活発に発言しやすくなるような状況をいち早くつくるための仕掛けも必要で、その代表的な手法がブレーンストーミングです（図表 2.7）。ブレーンストーミングとは、参加者からとにかく数多くの意見を出してもらうために、次のことを各参加者に意識させながら行っていく議論の進め方です。

　① **自由奔放**：思いついた意見を何でも出す
　② **批判禁止**：出された意見を批判しない
　③ **相乗り歓迎**：人の意見に便乗して意見を出す

　このなかで特に大事なことは「②批判禁止」です。議論が停滞してしまう大きな理由は人の意見を批判することですが、このような癖をもった人が参加者に一人でもいるとグループ討議は一挙に沈滞モードになってしまいます。「それはないよ」とか「なんだそれは」といったような批判は一切禁止して、どのような意見に対しても「なるほど」といったようにまずは受け止めるのです。お互いに意見を出し合っている段階では、出された意見の吟味をしてはいないのです。

第2章 問題解決スキル

図表2.7 想像性を誘発するグループ討議の進め方

想像的なグループ討議の進め方

メンバーからの意見の引き出し方

【ブレーンストーミング】
メンバー全員からとにかくたくさんの意見を引き出すときの進め方です。
進め方のルールは3つあります。
① 自由奔放
　⇒ 思いついた意見を何でも出す
② 批判禁止
　⇒ 出された意見を批判しない
③ 相乗り歓迎
　⇒ 人の意見に便乗して意見を出す
ポストイットなどに事前に意見を書き出しておいて、1件ずつ順々に発表していくようにすると意見が出やすくなります。

出された意見のまとめ方

【KJ法(親和図法)】
ブレーンストーミングなどで出し合った多くの意見をまとめるときの進め方です。
① 意見の集約
　⇒ 似た意見を集めて集団をつくる
② 集団ラベルの作成
　⇒ 各集団に相応しい表現を使う
③ 各集団内での意見関連性の明確化
　⇒ 各集団内の各意見を関連づける
④ 集団関連性の明確化
　⇒ 各集団の内容を見て関連づける
必要に応じてQC手法である連関図や特性要因図を使うとわかりやすくなります。

　そして、参加者が意見をすべて出し切ったことを確認したうえで、次の段階として出された意見を整理および分類すればよいのです。このときに役立つ手法がKJ法という手法です(**図表2.7**)。この手法を活用することによって、ブレーンストーミングを通じて出された多くの意見を同じ仲間ごとに分類していきます。この分類した結果を連関図や特性要因図で表現すれば、参加者全員の意見をわかりやすく見える化することができます。

　このようにして見える化された結果をもとにして、参加者全員で想像的なコンセンサスを得るための議論を深めていけばよいのです(**図表2.8**)。ここで大切なことは、参加者全員がお互いにより良いコミュニケーションを心掛けることです。グループ討議をしていると、次第にお互いに自己主張が始まって、相手を論破することを目的としたディベートの様相を呈し

2.4 関係者を巻き込む

図表2.8　想像的なコンセンサスを得るための留意点

1. 納得ができるまで十分に話し合うことが大切であり、もし自分の意見を変える場合には自分にも他のメンバーにもその理由が明らかであることが必要

2. 自分の判断に固執し、他に勝つための論争（あげつらい）は避ける

3. 決定をするときに、多数決とか、平均値を出してみるとか、または取引きをするといったような「葛藤をなくす方法」は避け、また、結論を急ぐあまり、あるいは葛藤を避けるために安易な妥協はしない

4. 少数意見は集団決定の妨げとみなすより、考え方の幅を広げてくれるものとして尊重することが大切

5. 論理的に考えることは大切だが、それぞれのメンバーの感情やグループの動きにも十分に配慮する

てくることがあります。問題解決におけるグループ討議は相手を論破することではなく、相手とわかり合うことを目的としています。コミュニケーションとディベートとは違うことを常に認識しなければなりません。

◆自分の考えを伝える

　世の中にはいろいろな人たちがいます。周囲の人たちと、時には見ず知らずの人たちとも和気藹々と打ち解けられる付き合い上手な人がいる反面で、周囲の人たちと上手くかかわることができない付き合い下手な人もいます。付き合い上手な人にとっては取るに足りないようなことでも、付き合い下手な人にとっては大きな心理的ストレスが作用してしまうものです。このような付き合い下手な人たちのなかには、天性の人嫌いのような人がいるかもしれませんが、多くの場合は周囲の人との付き合い方がよくわかっていないことが原因となっているのです。これはコミュニケーションの問題です。コミュニケーションが上手くできないために、自分が考えて

いることを相手に上手く伝えることができず、相手が考えていることを自分が上手く受け止めることができないのです。

　では、コミュニケーションとはどのようなものなのか考えてみましょう。コミュニケーションといっても、飲み会などで他愛のない話でお互いに盛り上がるといったような人付き合い的な観点ではなく、お互いに考えていることをわかり合うというビジネスライクな観点でお話しします。

　自分が知っていることや考えていること、ここではこれを一括して「知恵」と呼びますが、自分の知恵を相手に伝承してお互いにわかり合うことがコミュニケーションです。このためには、まずは自分の頭の中にある知恵を、相手に伝えられるようにしなければなりません。自分の頭の中にあるさまざまな情報は、暗黙知と呼ばれる相手には見ることができない状態になっているので、これを形式知と呼ばれる相手から見える形に表現しなくてはなりません。いわゆる見える化です。ここで重要なことは、自分が相手に伝承したい知恵に関するコンセプトが、漏れなく、わかりやすく、文書などに表現できていることです。このためには、客観的な事実データをもとにして論理的に結論が導かれているという、まさに問題解決の思考が必要となります。話下手な人の特徴として挙げられることは、自分本位の主観にもとづいた支離滅裂な論理で話をする傾向が強いことです。これでは人から受け止めてもらえないと思います。

　このようにして、自分が伝承したい知恵を相手が受け止めやすい形式知にできると、相手はその形式知を受け止めて頭の中の暗黙知に融合させることで、暗黙知の領域を拡大することができます（**図表2.9**）。これが、知恵を授かって頭が良くなったということです。すると、今度は相手が自分の拡大した暗黙知を、自分が行ったときと同じように形式知化して自分に返してくれます。この形式知が自分にとって受け止められやすい形になっていれば、自分はその形式知を受け止めて頭の中の暗黙知に融合させることで、暗黙知の領域を拡大することができます。このようにして、知恵を形式知化して共有し合うことでお互いの暗黙知がスパイラルアップし、やがては創造知へと発展していくのです。

2.4 関係者を巻き込む

図表 2.9 知恵の伝承のメカニズム

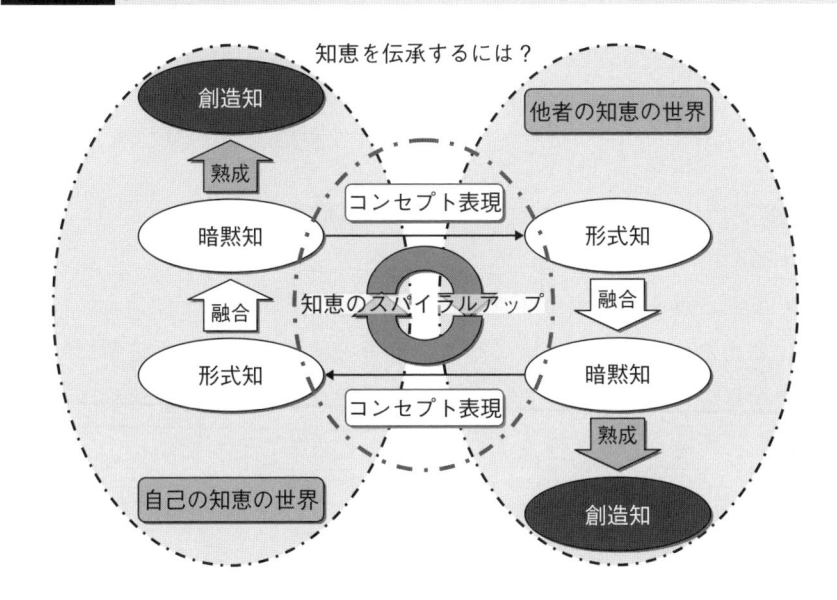

知恵を伝承するには？

- 自己の知恵の世界
  - 創造知
  - 熟成 ↑
  - 暗黙知
  - 融合 ↑
  - 形式知
- 他者の知恵の世界
  - 形式知
  - 融合 ↓
  - 暗黙知
  - 熟成 ↓
  - 創造知
- コンセプト表現
- 知恵のスパイラルアップ
- コンセプト表現

　これがコミュニケーションの基本的なメカニズムであり、コミュニケーションを通じてこのようなメカニズムを上手く働かせることで、お互いにわかり合えるようになります。そして、このために求められることは、客観的な事実データをもとにして論理的に結論を導くという問題解決的思考であり、この問題解決的思考が乏しいことが話し下手や付き合い下手の主要な一因になっているのです。

◆聞き手と話し手を使い分ける

　人とのコミュニケーションは一般的には会話という手段を通じて行われますが、現代は携帯電話やパソコンでの電子メールによる文書という手段も活用されています。しかし、電子メールのような文書だけでは微妙なニュアンスや思いなどが伝わりにくいことから、時として誤解を誘発する懸念があります。このことを考えると、本来のコミュニケーションとは人と人とがお互いの顔を見ながら行うものだと思います。

　人と人とがお互いの顔を見ながら行うコミュニケーションにおいては、

自分の考えを伝える話し手と、話し手の考えを受け止める聞き手が存在します(**図表 2.10**)。話し手はコミュニケーションに多大な影響を与える存在ですが、特に聞き手に話をする際の態度や音声、言語が重要な要素になっています。具体的には、

- 顔の表情や目の動きといった話す態度
- 声の大きさやアクセントといった話す音声
- 話したいことを確実に伝える話し言葉

などです。これらの要素に注意を払うことで、コミュニケーション能力を格段に高めることができます。話し下手の人にはこのような要素が欠けている点が見受けられます。目が泳いでいて聞き手の目を見て話をしていない、といった態度は話下手な人に見られる代表的なものです。

図表 2.10　より良いコミュニケーションへのポイント

① <u>態度メッセージに関するポイント</u>
- 表情(喜び、興味、驚き、恐れ、悲しみ、怒り、嫌悪または軽蔑)
- 目の動き(まなざしの方向やアイコンタクト)
- ジェスチャー(身振り、手振り、大きさ、力強さ)
- 姿勢(身体の動き、腕や脚の状態、相手との距離)

② <u>音声メッセージに関するポイント</u>
- 大きさや高さ(声の大きさ、話し方のスピード、声のトーン)
- 強調(特定の句・単語・音節などを強めて話す、平板に話す)
- 発音(明瞭な話し方、ぼそぼそとした話し方)
- アクセントや力強さに関する特徴
- 間と沈黙(話に変化を与えている)

③ <u>言語メッセージに関するポイント</u>
- 尋ねたいことや言いたいことが言えているか?
- 自分のことを話しているか?
- 感情(気持ち)の表現は?

④ <u>聴く姿勢</u>
- 相手の気持ちを理解しようとしていたか?
- 相手の発言内容を確認し、正確に理解しようとしていたか?

⑤ <u>その他</u>
- 雰囲気(緊張、堅さ、開放、なれなれしさ)
- 話があちこちに飛んだり、構えや飾りはなかったか?
- その他

2.4 関係者を巻き込む

　一方、聞き手も少なからず影響を与える存在であり、話し手が話している内容を理解しようとする態度が重要な要素になっています。きちんと聞いている人が存在しているからこそ、話し手の存在が意味をもつようになるということです。それほど聞き手の存在は重要なのです。

　では、どのようにすれば話し手の存在に意味をもたせられるような聞き手になれるのでしょうか。そのためには話し手がもっとたくさん話したくなるような聞き方をしてあげることが必要で、話し手の話をポジティブ・リスニングという態度で聞くことができる聞き手になることです（図表 2.11）。話し手が話をしているときに、次のような態度をとることです。

- 問い掛けながら聴く　⇒もっと聞きたい、知りたい、理解したい
- 気持ち良く聴く　⇒合いの手、あいづち、繰り返す
- 体で聴く　⇒うなずく、話し手の方を向く、メモをとる
- 心で聴く　⇒しゃべらない、さえぎらない、違うと言わない

　このような聞き方をしてあげることで、話し手は次第に気持ち良く話が

図表 2.11　ポジティブ・リスニング

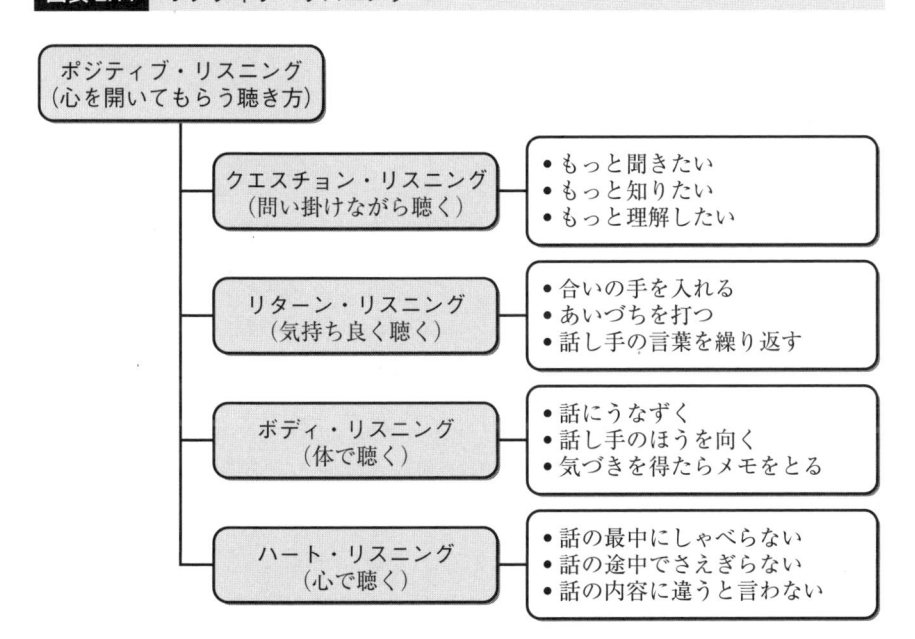

- ポジティブ・リスニング（心を開いてもらう聴き方）
  - クエスチョン・リスニング（問い掛けながら聴く）
    - もっと聞きたい
    - もっと知りたい
    - もっと理解したい
  - リターン・リスニング（気持ち良く聴く）
    - 合いの手を入れる
    - あいづちを打つ
    - 話し手の言葉を繰り返す
  - ボディ・リスニング（体で聴く）
    - 話にうなずく
    - 話し手のほうを向く
    - 気づきを得たらメモをとる
  - ハート・リスニング（心で聴く）
    - 話の最中にしゃべらない
    - 話の途中でさえぎらない
    - 話の内容に違うと言わない

できるようになり、やがては心を開いて話をするようになります。自分の話の聞き手が、あいづちを打ったり、うなずいていたり、といった態度をとっていたら、とても良い気分で話を続けられると思います。

このなかでもメモをとるという態度は、話し手の話を確実に受け止めているという最大級の態度だといわれています。逆に違うという態度は、話し手の話をまったく受け止めていないという最大級の拒否の態度を示しているといわれているので、聞き手の態度として心して避ける必要があります。「聴」という漢字は「耳」と「目」と「心」で構成されていることから、聞き手は「聞く」ではなく「聴く」という姿勢で話し手の話を聴く姿勢が求められます。

このようにして、さまざまな人たちとより良いコミュニケーションをとることができるようになると、組織として成果を上げられるような問題解決活動に取り組むことができるようになります。このためにも、さまざまな人たちとのコミュニケーションのなかで、良き話し手と良き聞き手の双方の役割を演じることが必要です。

◆利き脳で人を理解する

世の中には十人十色のごとくさまざまな人たちがいて、考えていることが似ていて話がとてもよく弾む人や、考えていることがことごとく食い違っていて話がまったく弾まない人など、これまでの人生経験のなかで私たちは数多くの人たちと出会い、そしてかかわってきました。相対する人によって、なぜこのような差異が生じるのでしょうか。私たちは頭の中に存在する脳を使って物事を考えていますが、この脳の働き方が人それぞれに異なっていて、物事に対する価値観や考え方に差異が生まれているといわれています。脳の働き方の違いは、もって生まれた両親から受け継いだDNAや、三つ子の魂百までといわれるように育った環境など、一言では言い尽くせないようなさまざまな要素に影響を受けて培われてきたもので、まさに個性を生み出す原因になっていると思います。

人間の脳は非常に複雑な構造をしたとても重要な臓器ですが、この脳の

働きが利き脳と呼ばれる考え方でわかりやすく説明できるのです。利き脳というとあまり耳慣れない言葉ですが、利き腕なら聞いたことがあると思います。人は右利きか左利き、時には両刀使いという人もいるようですが、ほとんどの人はどちらかに分類されます。右利きの人は右手なら上手くできることが左手だとなぜか上手くできないという特徴をもっていますが、左利きの人はこの逆の特徴をもっています。実は脳にもこのような人による利き方の違いが確認されていて、これを利き脳といいます。

利き脳を表現した概念で最も有名なものは右脳と左脳ですが、一言でいえば、右脳は抽象的な情報を処理することが得意な領域であり、左脳は具体的な情報を処理することが得意な領域といわれています。例えば、音楽の評論家は音楽を左脳で分析的に聞いていて、一般のリスナーは音楽を右脳でイメージ的に聞いているといわれています。一方、脳の機能は右脳と左脳だけではなく、さらに前脳と後脳にも機能の違いがあって、前脳には人間として考えを司るための機能が、後脳は動物として身体を司るための機能が、それぞれ備わっているそうです。

このように考えると、脳は前後左右に四分割することができ、その各々の領域で働き方が異なっていることがわかります(**図表 2.12**)。そして、その各々の領域の働き方が人によって異なっていて、四分割した領域のなかで最も優先的に働く領域を利き脳と呼びます。四分割された脳の各領域の働き方と、各々の領域を利き脳とした人の行動特性は、

- 前左脳(A 領域)　⇒技術的・数学的・分析的・論理的　⇒問題解決者
- 後左脳(B 領域)　⇒厳密的・管理的・組織的・保守的　⇒計画者
- 後右脳(C 領域)　⇒友好的・対人的・感覚的・感情的　⇒社交家
- 前右脳(D 領域)　⇒概念的・全体的・芸術的・総合的　⇒理想家

のように分類することができ、読者のあなたの利き脳はこのなかのどれか一つに当てはまるのです。

ここで、利き脳を簡易的に診断する方法を**図表 2.13**に紹介しますので、①〜③までの手順に則って診断してください。手順③で得られた結果にお

第2章　問題解決スキル

図表 2.12　利き脳の構造

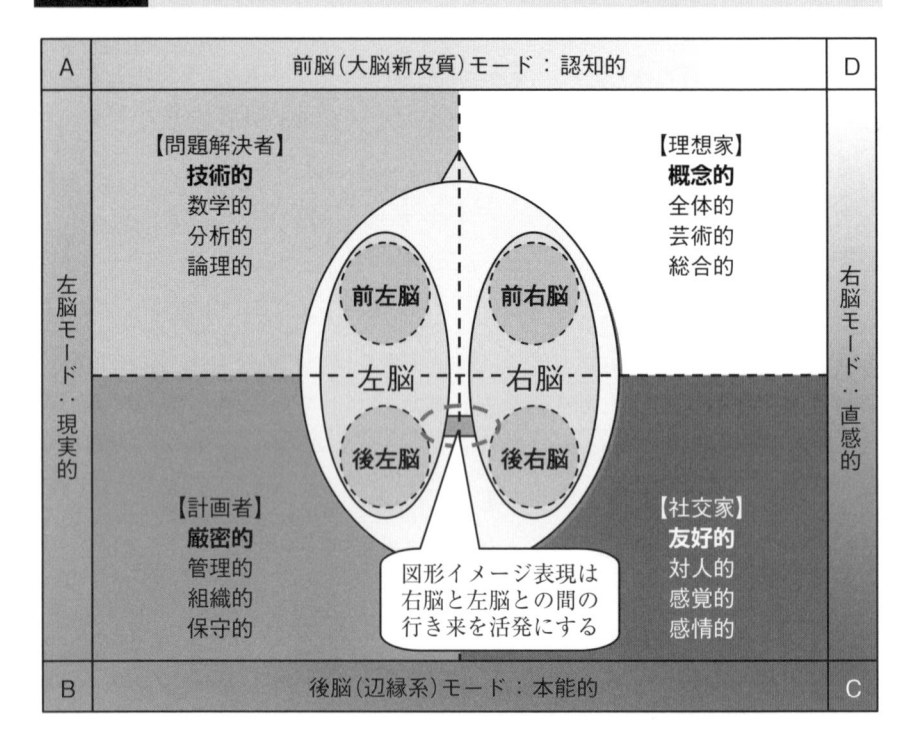

	前脳（大脳新皮質）モード：認知的	
A	【問題解決者】**技術的**　数学的／分析的／論理的　　〔前左脳〕〔前右脳〕　　左脳　右脳	D
左脳モード：現実的	〔後左脳〕〔後右脳〕	右脳モード：直感的
	【計画者】**厳密的**　管理的／組織的／保守的　　　図形イメージ表現は右脳と左脳との間の行き来を活発にする　　　【社交家】**友好的**　対人的／感覚的／感情的	
B	後脳（辺縁系）モード：本能的	C

いて、最も高い数値が得られた領域が、物事に対して第一優先で考える利き脳であると考えられます。ただし、この結果はあくまでも簡易診断であること、さらには項目の選択が正しく適切に行われていることを前提としていますので、必ずしも絶対的なものではないということを認識しておいてください。もし、この結果と第三者の第一印象とが合致しているようでしたら、かなり正しい結果が得られたと考えることができます。

　自分の利き脳を知るということは、自分の考え方や行動特性に関する特徴を知るということです。そして、自分には自分が利き脳としている領域はよく見えているが、それ以外の領域はよく見えていないことを謙虚に自覚するのです。これによって、自分に欠けている視点や意思決定時の懸念事項を自己認識することができるとともに、どのような人たちからサポートを受けるべきかを知ることができます。自分とは異なる、時には耳が痛

2.4 関係者を巻き込む

図表 2.13 利き脳の簡易診断

利き脳診断シート

① 価値観や行動特性に合致すると思える項目に○印を付ける（計16個）

1	批判的	17	合理的	33	統計的
2	監督する	18	組織的	34	順序に従う
3	助ける	19	触発する	35	仲介する
4	概念的	20	システム化する	36	直感的
5	科学的	21	診断する	37	調査する
6	管理する	22	事務的	38	計画的
7	社交的	23	説得する	39	支援する
8	革新的	24	視覚的	40	変化に富む
9	時間を守る	25	技術的	41	分析的
10	機械的	26	構築する	42	統制する
11	奉仕する	27	相談する	43	教示的
12	芸術的	28	統合する	44	デザインする
13	計算する	29	数学的	45	論理的
14	固定的	30	繰り返す	46	分類する
15	配慮する	31	連携する	47	人を理解する
16	イメージする	32	想像的	48	戦略的

② 左表の項目番号に○印を付ける

A	B	C	D
1	2	3	4
5	6	7	8
9	10	11	12
13	14	15	16
17	18	19	20
21	22	23	24
25	26	27	28
29	30	31	32
33	34	35	36
37	38	39	40
41	42	43	44
45	46	47	48
↓	↓	↓	↓

③ 縦列ごとに○印の数を合計する

いような意見を提示してくれる人は、自分には見えていないことが見えていて、それを自分に伝えてくれていると考えるべきなのです。そして、その人の意見をしっかりと受け止めることで、自分が見えていない部分を補えばよいのです。

　利き脳の診断によって利き脳でない領域を把握できたら、この利き脳でない領域を利き脳としている他のメンバーのサポートを受けることが必要となりますが、この利き脳でない領域を自ら鍛えることも必要な取組みです（**図表 2.14**）。A 領域は分析したり論理的に考えたり、B 領域は整理整頓や時間管理に取り組んだり、C 領域は他の人を認めたり手助けをしたり、D 領域は先のことやとてつもないことを考えたり、といったことを日常的に行うことで、少しずつ鍛えていくことができます。このようにして A〜D のすべての領域を鍛えることで、より多角的な視点で物事を捉える

図表2.14 利き脳の鍛え方

A領域（前左脳）を鍛えるメニュー	D領域（前右脳）を鍛えるメニュー
・技術的問題を分析・解析する ・コンピュータプログラムを習う ・業務目標を明確に定義する ・ロジカルに意思決定を行う ・統計分析を行う	・10年後の姿を考える ・メモや文書にイラストを付ける ・身の回りを装飾する ・突拍子もないアイデアを考える ・直感にもとづいて意思決定を行う
B領域（後左脳）を鍛えるメニュー	C領域（後右脳）を鍛えるメニュー
・ファイルや机の上を整理整頓する ・毎日の活動を日誌に記入する ・業務計画を詳細に作成して実行する ・時間通りに行動する ・職務記述書を詳細に作成する	・コミュニケーションに注意する ・他の社員を自発的に認める ・自ら楽しんで他の人を動機づける ・他の人を自発的に手助けする ・リラックスして友好的に振る舞う

ことができるようになり、問題を発見する力が飛躍的に向上することが期待できます。

　これまで利き脳について説明してきましたが、利き脳という考え方を積極的に取り入れて、さまざまな利き脳をもった人でチームを構成して物事に取り組むと、より良い成果を得られることが研修を通じて確認されています。また、米国では組織編成に利き脳を活用することで、ホワイトカラーの生産性向上に役立てられているそうです。

　問題解決行動を通じて組織としての成果を上げるためには、個々のメンバーが能力を有機的に発揮できる環境づくりが必要です。利き脳はそのための環境づくりに大いに役立ちます。そして、組織として成果を上げていくためには、個々のメンバーがお互いの利き脳を尊重したコミュニケーションを図っていくことが必要なのです。

2.5 問題解決スキルの現状レベルを知る

　問題解決力とは、問題解決スキルを駆使して、問題解決プロセスにもとづいた問題解決行動を、日常業務のなかで実践するための総合実務能力である、とこれまで説明してきました。このことから、問題解決スキルは問題解決行動をとるために必要不可欠なスキルであることが理解できると思います。問題解決プロセスを頭の中でいくらイメージできていても、それを実行するために必要となる問題解決スキルのレベルが低ければ、問題解決行動を実践できないはずです。

　ところが、実際には問題解決スキルのレベルが低いにもかかわらず、そのレベルの低さを自覚しないままに問題解決行動を実践している方々がいます。しかも、マネジメント職などの高い職位に就いている方々のなかに比較的数多く見受けられるのです。このような方々は、マネジメント職の役割として部下の仕事を管理していることと、問題解決スキルのレベルが高いから部下の仕事を管理できているということを混同して、正しい進め方で問題解決行動を実践できていないのです。このような上司の下にいる部下の方々はたいへんです。

　こうした望ましくない状態を解決するためには、問題解決スキルのレベルをきちんと測定して、その結果を見える化できるようにすることです。ここで改めて問題解決スキルについて振り返ってみましょう。

　問題解決力は**図表 2.15** に示す 10 項目のスキルで構成されています。これらの 10 項目のスキルの一つひとつがそれなりのレベルにあって、全体的な総合力としてそれらが目的に応じて効果的に発揮できる状態になっていればよいのです。

　この 10 項目のスキルは問題解決行動を実践するために必要不可欠なものです。この個々のスキルのレベルを 5 段階で評価し、さらに全スキルに関する平均値を求めることで総合力としての問題解決スキルを評価します（**図表 2.16**）。このように問題解決スキルを評価すると、問題解決スキルの現状レベルを把握できるだけでなく、個々のスキルのレベルをもとにして

第2章　問題解決スキル

図表 2.15　問題解決スキル

問題解決スキル	基本定義
想像力・企画力	問題のない仕事・職場・仕組みなど、将来に向けてのあるべき姿が描ける能力
ロジカルシンキング力 （なぜなぜ展開）	物事の因果関係を明確化し、つながりをもって考える能力
コミュニケーション力 （問題認識・共有化）	お互いが考えていることを伝え、わかり合い、概念を共有する能力
QC 七つ道具活用力	改善活動に取り組むためのツールを業務のなかで使える能力
現状分析・見える化力	Excel を使いこなし、現場・現物・現実を事実データでわかりやすく表現する能力
仮説検証力	推測したことをデータにもとづく事実で裏付けをとる能力
リーダーシップ力 （巻き込み・実行）	自ら関係者に働きかけ、関係者のモチベーションを高めて協働のマインドをもたせる能力
計画立案・遂行力	やるべきことに対して段取りを立てて計画的に取り組み、確実に進捗させる能力
SR ストーリー展開力	過去→現在→未来の推移を、やり方と結果を対比したストーリーで説明する能力
報告書作成・説明力 （情報伝達）	改善活動をドキュメントとして表現して関係者に適確に伝える能力

弱点領域を把握できるようになるので、自己啓発にもつなげることができます。

また、組織メンバーの問題解決スキルをヒストグラムで表現すると、組織全体の問題解決スキルの状況を見える化することができます（**図表 2.17**）。さらに、職位ごとに、

- **若手層**：レベル 2 以上（自業務で活用している）
- **中堅層**：レベル 3 以上（自部門で成果を出せる）
- **リーダー層**：レベル 3.5 以上（後進を指導できる）

2.5 問題解決スキルの現状レベルを知る

図表 2.16 問題解決スキル診断チャート

問題解決主要10スキル		スキル内容	1.0 知っている	2.0 使ったことがある	3.0 活用している PDCAサイクルにつなげた	4.0 自部門で成果を出せる	5.0 他部門を指導できる
問題認識	想像力・企画力	問題のない仕事・職場・仕組みなど、将来に向けてのあるべき姿が描ける能力	個々のスキルを発揮するために必要な知識を有している	個々のスキルを利用した実務で経験がある	個々のスキルを自業務の改善に役立てている ↓ 一人前レベル	個々のスキルを部門レベルの成果創出に役立てている	個々のスキルを他部門の成果創出に役立てている
	ロジカルシンキング力（なぜなぜ展開）	物事の因果関係を明確化し、つながりをもって考える能力					
	コミュニケーション力（問題認識・共有化）	お互いが考えていることを伝え、わかり合い、概念を共有する能力					
現状把握分析	QC七つ道具活用力	改善活動に取り組むためのツールを業務のなかで使える能力					
	現状分析・見える化	Excelを使いこなし、現場・現物・現実を事実データでわかりやすく表現できる能力					
	仮説検証力	推測したことをデータにとって事実で裏付けをとる能力					
対策立案実行	リーダーシップ力（巻き込み・実行）	自ら関係者に働きかけ、関係者のモチベーションを高めて協働のマインドをもたせる能力					
	計画立案・遂行力	やるべきことに対して段取りを立てて計画的に取り組み、確実に進捗させる能力					
効果確認標準化	SRストーリー展開力	過去・現在・未来の推移を、やり方と結果を対比したストーリーで説明する能力					
	報告書作成・説明力（情報伝達）	改善活動をドキュメントとして表現して関係者に適確に伝える能力					

61

第 2 章　問題解決スキル

図表 2.17　問題解決スキル 10 項目平均値のヒストグラムの例

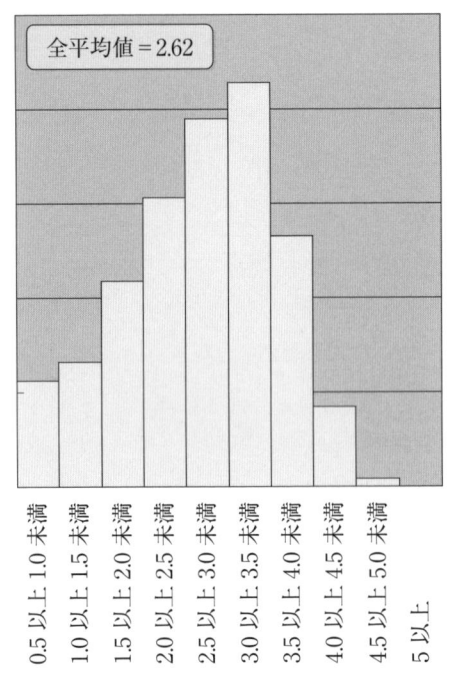

全平均値 = 2.62

0.5 以上 1.0 未満
1.0 以上 1.5 未満
1.5 以上 2.0 未満
2.0 以上 2.5 未満
2.5 以上 3.0 未満
3.0 以上 3.5 未満
3.5 以上 4.0 未満
4.0 以上 4.5 未満
4.5 以上 5.0 未満
5 以上

《問題解決スキルレベル》
- レベル 0 ～ 1
  知っている
- レベル 1 ～ 2
  使ったことがある
- レベル 2 ～ 3
  自業務で活用している
- レベル 3 ～ 4
  自部門で成果を出せる
- レベル 4 ～ 5
  他部門を指導できる

- **管理職層**：レベル 4 以上（他部門を指導できる）

といったような目標レベルを設定することで、組織としての重点強化ポイントや昇進昇格の目安などを明確化することができます。

そして、問題解決スキルを把握しながら計画的なスキル育成計画を設定することで、職位や役割に相応しい問題解決スキルを身につけさせることができるようになります。すると、総合実務能力としての仕事の基本が共有された強い組織を形成できるようになります。

第3章 問題解決活動の進め方と勘所

3.1　問題解決活動の進め方

　前章までは問題解決に関する基礎知識やスキルについて説明してきましたが、ここでは問題解決の全体的な流れと進め方の概要について説明します。会社で長年働いている中堅社員ともなると、既に仕事で数多くの問題解決を経験しているので問題解決のことは頭の中でわかっているという方が数多くいらっしゃるかもしれません。ところが、頭の中では問題解決のことがわかっていると思ってはいても、問題解決と改善活動を混同していたり、問題の捉え方が正しくなかったり、対策を一本釣りしていたりといったことを無意識に行っているのです。

◆問題解決には正解がない

　このような事態に陥ってしまう理由は、問題解決には唯一の正解がないことから、自分の取組みの誤りに気がつきにくいためです。何か問題と思えるようなことがあって、それに対して何らかの対策を実施して、ある程度の効果が得られると、自分は問題解決に取り組んだと思い込んでいるのです。この程度の取組みを表面的に行う程度で良いのであれば、問題解決について特に深く知らなくても仕事の流れのなかで対応することができま

第3章　問題解決活動の進め方と勘所

す。問題解決において注意すべきことは、問題解決のプロセスに不十分な点が多々あったとしても、それなりの成果が出せてしまうことです。きちんとしたプロセスに則ればもっと良い成果が得られるかもしれないという可能性を考えもせず、見様見真似の自己流で一度成果を出せてしまうと、自分は問題解決を実施できていると勘違いしてしまいがちです。このような自己流の問題解決に数多く取り組んできた中堅社員が、自分は仕事上での問題解決経験が豊富なので問題解決のことは十分にわかっていると思い込む傾向があります。問題解決はこのような誤りを犯しやすい活動であることを肝に銘じておくことが重要なのです。

　問題解決の答えには絶対的な正解がないので、誰一人として「これが正しい答えである」と言い切れる人はいません。では、問題解決の正しさは、どのように判断すればよいのでしょうか。それには問題解決の結果として出てきた答えそのもので判断するのではなく、どのようなプロセスを経て出てきた答えなのかで判断すべきです。実際に答えを出したプロセスが問題解決の基本に則った正しい進め方になっているか否かという視点で判断しなければなりません。正しい進め方によって出された答えなのだから正しいという、いとも簡単な理屈なのです。

　ということは、実際に問題解決に取り組む人たちに問題解決スキルが求められるのは当然のことですが、その答えの正しさを責任をもって判断しなければならない方々にも当然のごとく問題解決スキルが求められるのです。すなわち、正しい問題解決を実践するためには、あらゆる階層の人たちがその立場に応じた問題解決スキルをもっていて、しかも問題解決を正しい進め方で実践するということがどういうことなのかを理解し、さらには自ら問題解決を実践することができる、という状態を職場全体でつくり上げることが必要なのです。

　問題解決スキルが低い上司が高い職権を振りかざして部下に問題解決に取り組めと口酸っぱく指示していても、その部下が取り組んできた問題解決の答えの正しさを判断できないような上司であれば、どのようなことになってしまうのでしょうか。このような状態では、問題解決スキルが低い

部下を指導したり育成したりするどころか、もしその部下の問題解決スキルが上司よりも高いレベルにあったとしたら、上司は部下に手玉にとられてしまうかもしれません。

　ここで、「わかる」と「できる」ということについて少し考えてみましょう。「わかる」ということと、「できる」ということは、本質的に違うことなのです。学生時代に取り組んだテスト問題のように、問題解決においては絶対的に正解となる答えが存在しないからこそ、この「できる」という点が特に重要になるのです。正しい進め方が「できる」からこそ得られる結果が正しくなると認識することが重要なのです。囲碁や将棋の世界でよく言われる「定石を踏まえる」という概念が、とても重要になってくるのです。この正しい進め方、すなわち定石を着実に踏まえて結果を出せることが「できる」ということなのです。

　しかし、「わかる」という頭の中で理解しているだけの状態では、実際に正しい結果を出せる「できる」という状態にはなりません。「できる」状態になるためには、正しい進め方にもとづいて実務のなかで問題解決への取組みを繰り返す、という実践経験を数多く積み重ねなければなりません。問題解決スキルを駆使して問題解決プロセスにもとづく問題解決行動を日常業務のなかで実践するという地道な経験を継続していくことによって、問題解決の実践力を徐々に高めていく努力が求められるのです。

◆問題解決を実践する

　問題解決プロセスに則って問題解決を実践するためには、取組みの定石として次の3つのステップがあります。
- ステップ1：今まさに取り組むべき問題を発見する
- ステップ2：発見した問題を解決へ導くための課題を設定する
- ステップ3：設定した課題を継続的取組みで解決していく

　以下では、この3ステップにもとづいて、問題解決を実践するための手順について説明します（図表3.1）。

第3章　問題解決活動の進め方と勘所

図表3.1　問題解決の進め方

問題解決実践力
┌─────────┴─────────┐
問題解決行動　　　　　　　実務展開力

問題解決プロセス:
- 今まさに取り組むべき問題を発見する → 問題を認識する／環境与件を検討する／問題を発見する
- 発見した問題を解決へ導くための課題を設定する → 現状を把握・分析する／取組み課題を分解する／実行施策を立案する
- 設定した課題を継続的取組みで解決していく → なぜなぜを展開する／改善活動を実施する／活動報告書を作成する／継続的改善に取り組む

問題解決実践力とは、実務展開力を行使して問題解決プロセスにもとづいた問題解決行動を日常業務のなかで実践するための仕事の処方箋、すなわち仕事の勘所です。

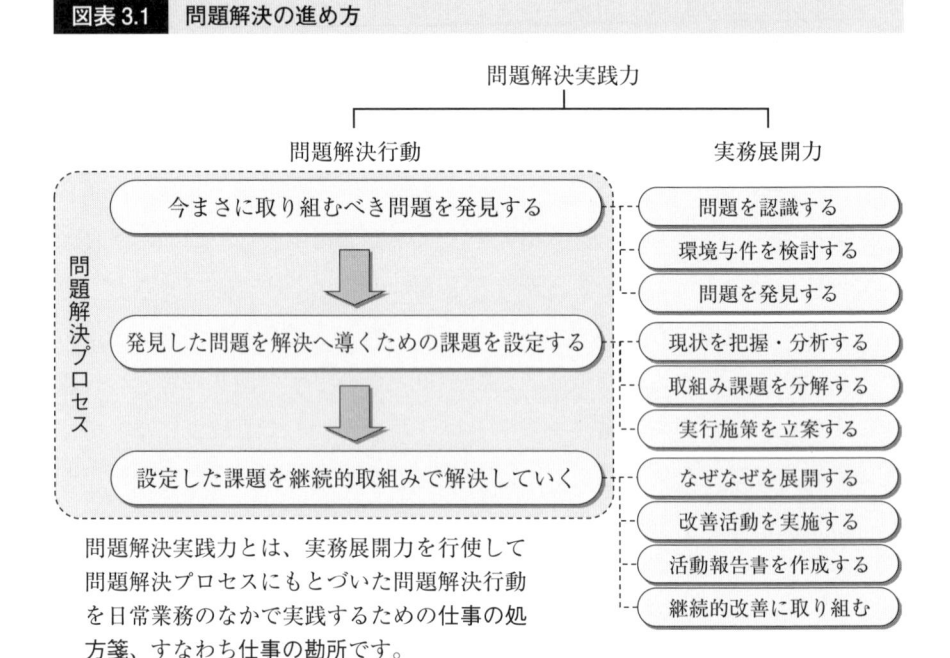

【ステップ1】今まさに取り組むべき問題を発見する

何よりも真っ先に取り組むべきことは、問題解決の原点である、今まさに取り組むべき問題を発見することです(**図表3.1**)。この段階において必要となることは、次の取組みです。

- 手順1：問題を認識する
- 手順2：環境与件を検討する
- 手順3：問題を発見する

手順1　問題を認識する

まずは、自分を取り巻く環境から望ましくない状態をピックアップすることが必要です。望ましくない状態には実際に目に見えるものだけでなく、目に見えないものもあると思います。ここでは、望ましくない状態を「事

象」と呼ぶことにします。次に、ピックアップした数々の事象のなかから解決すべき事象を絞り込んだうえで、さまざまな視点や考え方をもつ、できるだけ多くの関係者と、解決すべき事象に関してとことん議論する場をもちます。ここでの議論が、最終的により適切に問題を認識することにつながります。

　この際に行うべき取組みが、問題発見のための特性要因図を作成しながら"なぜなぜ"を展開することです。ここで大切なことは、関係者のさまざまな意見を自分の考えに融合するとともに、特性要因図の内容を徐々に充実させていくことです。このようにして作成された特性要因図は、自分を始めとした多くの関係者の意見が反映された内容になっているはずなので、この特性要因図を踏まえて認識された問題は多くの関係者からの理解が得られるようになるのです。

　しかし、このような経緯を経てつくり上げられた特性要因図は、結果の悪さと要因との因果関係を表現した仮説に過ぎません。したがって、この因果関係を事実にもとづいて検証することが必要です。特性要因図は、事実による裏付けがとれた問題に対して客観性や妥当性を与えるとともに、多くの関係者の理解や巻き込みに役立ったり、さらには誤った問題解決へ導かれることへの活動のブレを防止するのに役立つのです。

手順2　環境与件を検討する

　このようにして適切に問題が認識されたら、認識された問題を踏まえて、①将来の夢、②環境変化、③原理・原則、④顧客満足、⑤効果・効率の5つの視点にもとづいて、自らを取り巻く環境与件を検討します。何の制約をもたずにただ単に環境与件の検討を行ってしまうと検討範囲が限りなく拡大していまい、認識された問題とほとんどつながりがない領域にまで検討が及んでしまうことがあり、注意が必要です。

　また、環境与件の5つの視点については、すべてに関して漏れのない検討が行われていることが望ましいのですが、もし検討が上手く進まない視点があるようなら無理に検討する必要はありません。環境与件の5つの視

点で検討結果を踏まえて問題が発生しない「あるべき姿」を想像しますが、環境与件の5つの視点での検討結果がすべて等しく考慮されるわけではありません。認識された問題の性質によって、ある特定の視点がより大きく考慮されるようになるのが一般的です。したがって、「あるべき姿」の想像に大きな影響を及ぼすと思われる視点については、時間をかけて十分な検討を行い、あまり影響を及ぼさないと思われるような視点については、検討すら必要がない場合があります。このように環境与件の5つの視点については、メリハリのある検討を行うことが大切です。

手順3　問題を発見する

　認識された問題を踏まえて環境与件を検討したら、次に取り組むことは、解決すべき真の問題を発見することです。真の「問題」とは望ましくない状態が発生しない「あるべき姿」と、望ましくない状態が発生してしまう「現状」とのギャップのことです。ここで、問題解決フレームワークを活用してこの3つの要素の全体関係を明確にすることで、いわゆる真の「問題」を発見したことになります。

　問題解決フレームワークを検討する際のポイントは、望ましくない状態が発生しないような「あるべき姿」を想像することです。ここで想像された「あるべき姿」のイメージやレベルは、その後に取り組まれる問題解決活動の内容や得られる成果に対して大きな影響を与えることになります。「あるべき姿」として表現される内容は漠然としたものになりがちなので、考えていることを上手く表現しないと、何を考えているのか、何を目指しているのか、何をしたいのか、といったようなことが、自分として頭で整理できないだけでなく、その内容が関係者に一向に伝わりません。したがって、「あるべき姿」については、想像した内容の良し悪しは当然のこととして、想像した内容をいかにしてわかりやすく表現するのかという点が重要な要素となってきます。

　「あるべき姿」が想像できたら、次に行うことは、想像した「あるべき姿」の内容を踏まえて、「現状」を現場・現物・現実のいわゆる三現主義

に則って見える化することです。ただし、この段階においての現状の見える化は、現状分析のような詳細分析までは必ずしも必要ではありません。望ましくない状態が発生しないような「あるべき姿」に対して、「現状」はどの程度まで達成できているのかが、現場・現物・現実をもとにして事実として把握されていればよいのです。大切なことは、「あるべき姿」で表現されている内容と比較できるように「現状」の内容を事実ベースで表現することであり、「あるべき姿」と「現状」の両者を引き算することができて差異を把握できるようになっていることなのです。

　このようにして「あるべき姿」と「現状」を対比できるように表現することができたら、最後に行うことは、「問題」を「あるべき姿」と「現状」で表現されている内容に整合するように整理することです。要するに、「現状」が「あるべき姿」に達していないために「問題」が発生している、というつながりが明確になるように「問題」を表現することが重要なのです。

　このように考えると、「問題」には2通りの内容を表現することが必要です。一つ目は「あるべき姿」と「現状」とのギャップそのもの、すなわち「あるべき姿」に対して未だに実現できていない領域です。二つ目はこの「あるべき姿」と「現状」とのギャップによって発生している事象、すなわち問題解決の対象として取り上げた問題である望ましくない状態です。「あるべき姿」と「現状」との間にこのようなギャップが存在していることで、望ましくない状態が発生していることが2通りの内容によって表現できていればよいのです。

　この一連の検討結果が問題解決フレームワークとして一枚のシートにまとめ上げることで、問題解決しなければならない真の「問題」が「あるべき姿」と「現状」とのギャップとして、そして、問題解決の成果として実際に解消される「問題」が望ましくない状態として、各々わかりやすく整理できるのです。このように真の問題と解消される問題とを各々明確にすることができて初めて、「取り組むべき問題を発見できた」という状態になったといえるのです。

そして、問題解決フレームワークで表現された「あるべき姿」へ向けて「現状」を変革していくことが、問題解決活動の基本的な方向性、すなわち大課題となるのです。このときにまとめ上げられた問題解決フレームワークの出来栄えが、その後の問題解決活動の成否に決定的な影響を及ぼすことになるので、特に入念な取組みが必要となります。

【ステップ2】発見した問題を解決へ導くための課題を設定する

取り組むべき問題が発見できた後に取り組むべきことは、発見した問題に対して実際に解決行動を起こすために、発見した問題を解決へ導くための課題を設定することです（図表3.1）。この段階において必要となることは、次の取組みです。

- 手順4：現状を把握・分析する
- 手順5：取組み課題を分解する
- 手順6：実行施策を立案する

手順4　現状を把握・分析する

ステップ1では現場・現物・現実の三現主義にもとづいて「現状」を見える化しましたが、ここではより詳細に現状を把握して分析する必要があります。問題解決の基本は「現状」を「あるべき姿」へ向けて変革していくことです。このために重要なことは、事実データにもとづいて現状が詳細にかつ正確に分析されていることです。この段階で現状の分析を誤ってしまうと、この後に立案される実行施策が有効性に乏しいものになる恐れがあります。

事実データには、数値で表現された定量的なデータだけでなく、言語で表現された定性的なデータの2通りがあります。どちらであっても「現状」を事実として表現しているものであれば問題はありません。ここで重要なことは、望ましくない状態を発生させている要素が推測ではなく、事実として認識できていることなのです。この事実認識にもとづいて、望ましくない状態を発生させている要素を「あるべき姿」の実現へ向けて改善

していくために、必要となる実行施策を適確に立案しなければなりません。この点が十分に実施できていないと、この後に立案される実行施策が効果を得られない不十分なものになってしまうことになります。

手順5　取組み課題を分解する

　ステップ1において、「あるべき姿」へ向けて「現状」を変革していくための大課題を明確化しましたが、基本的にはこの大課題が主たる取組み課題となります。ところが、この大課題の認識レベルでは課題としての規模感が大き過ぎて、とても実行施策を立案できるような状態ではありません。そこで、手順4において現状を把握・分析した結果としての事実認識にもとづいて、ステップ1において明確化した大課題を体系的に分解していくことで、最終的に実行可能なレベルの実行施策にまで課題を落とし込んでいきます。これによって、「あるべき姿」の実現へ向けて「現状」を変革していく取組みが、大課題をもとにして体系化された一連の課題として明確になるのです。

手順6　実行施策を立案する

　実行施策を実施する対象は「現状」の望ましくない状態を発生させている要素であり、実行施策の狙いとなる対象は「あるべき姿」として実現したい内容そのものです。この基本認識にもとづいて大課題を実行施策に分解していくのですが、ここで重要なことはMICE（漏れずダブらず）という概念で、要するに分解された要素の各々に独立性が保たれているということです。

　このMICEという概念のわかりやすい例として、車の分類について考えてみましょう。日本国内で使用されている車の車種を自家用車と営業車とに分類して、各々の台数を調査したとします。もしも、ある自営業者が1台の車を営業車と自家用車とに併用していたとしたら、どちらに分類したらよいのでしょうか。このままの状態ではどちらにも分類できてしまうことから、車種の分類に重複が生じていることになります。この場合には、

自家用兼営業車という車種を追加することで対応することができます。一方で、清掃車や除雪車のようなある特定の作業のために使用する車については、どちらに分類したらよいのでしょうか。このままの状態ではどちらにも分類できないことから、車種の分類に漏れが生じていることになります。この場合には、作業車という車種を追加することで対応できます。このように、車種の分類が適切でないために、台数の調査結果が正しく得られなくなることがわかると思います。

大課題の分解についても同様なことが考えられ、大課題を分解した中課題に MICE 感がないと、設定された中課題の各々に対する独立性が保てなくなり、中課題の各々の内容に曖昧さが生じてしまいます。いわゆる、課題に切れ味がなくなってしまうのです。さらに、中課題から小課題へと、より下位へ向かって課題の分解が進むと、上位レベルでの MICE 感のなさによる課題の内容の曖昧さが、下位の課題の切れ味により悪影響を及ぼすようになってきます。そのため、大課題から中課題への分解においては MICE 感の必要性が特に高くなりますが、中課題以降の分解においては、より実行施策に近づくにつれて MICE 感の必要性は次第に薄れていきます。特に実行施策については、一つの実行施策が複数の課題に対する手段となりうる場合があるので、MICE 感の必要性についてはほとんど考慮する必要がありません。

大課題から中課題、そして中課題から小課題へといった一連の課題の分解過程は、ロジックツリーを作成することを通じて見える化することができます。このときに作成するロジックツリーに求められることは見やすさとわかりやすさであることから、あまりに複雑な内容にしないことが大切です。

【ステップ3】設定した課題を継続的取組みで解決していく

発見した問題を解決に導くための課題が設定できた後に取り組むべきことは、設定した課題にもとづいて「あるべき姿」を実現していくために、設定した課題を継続的取組みを通じて一つひとつ着実に解決していくこと

です(図表3.1)。この段階において必要となることは、次の取組みです。
- 手順7：なぜなぜを展開する
- 手順8：改善活動を実施する
- 手順9：活動報告書を作成する
- 手順10：継続的改善に取り組む

手順7　なぜなぜを展開する

　ロジックツリーによって明確化された一連の実行施策に取り組んでいく際に必要なことは、それらの実行施策がなぜこれまでに取り組まれてこなかったのかを一つひとつの実行施策に対してしっかりと考えることです。もしそれらの実行施策に取り組む必要性が高くて、しかも容易に取り組むことができるものであるとしたら、先人たちによってとうの昔に取り組まれているはずです。これまでに取り組まれてこなかったのは、取り組む必要性が低かったからなのか、もしくは取り組むこと自体が困難であったからなのか、さまざまな理由が考えられると思います。そこで、各々の実行施策に対してどのように取り組むのかという視点ではなく、なぜこれまで取り組まれてこなかったのかという視点でなぜなぜを展開することが必要となります。

　このためには、課題解決のための特性要因図を作成しながら「なぜなぜ」を展開します。なぜなぜ展開を通じて、これまでにその実行施策が取り組まれてこなかった理由がさまざまな要因として明らかになってきます。これらの要因に対して事実データにもとづいた要因検証を行うことで、これまでに取り組まれてこなかった原因を特定し、その原因に対して対策を立案して実施すればよいのです。このようにすると、実行施策に取り組むための表面的な対策の検討で終わらずに、実行施策に取り組むために本当に必要な対策を検討できるようになります。

　なぜなぜ展開を通じた特性要因図を作成することなしに対策を検討する、という取組み方をする方が意外と多くいます。また、特性要因図の作成など面倒臭いことをしなくても対策は検討できるという方もいます。さらに

は、対策を検討するのにいちいち特性要因図を作成する必要はないとまで言い切る方もいます。このようなことで本当によいのでしょうか。このような方々は、現場のことはよくわかっていると自認している中堅社員のなかに多く見受けられ、"一本釣り"といわれる有効性が保証されていない対策を当然のごとく立案する傾向が強いのです。

このような方々は、慣れによる盲点に陥りやすく、KKD（勘と経験と度胸）にもとづいた価値判断を何よりも優先し、変革への壁を自ら築いてしまっていることに気がついていないのです。もし自分がこのような傾向に当てはまると感じられたら、有効性がより高い対策を検討するために、なぜなぜ展開を通じて特性要因図を作成するという行為を、初心に戻って取り組むように努力する必要があります。それには、結果にもとづいて対策の有効性を保証するという行為を、自ら習慣づけていくのです。

手順8　改善活動を実施する

有効性が保証された対策を立案できたら、後はこの対策を実行するための改善活動に移ります。この段階で重要なことは、改善目標値をしっかりと設定することです。しかも、この改善目標値は実施納期のような活動面ではなく、実施を通じて何をどこまで変化させるのか、いわゆる「現状」が「あるべき姿」へどれだけ近づくのか、そして望ましくない状態をどのレベルまで改善するのか、というような実施効果の視点で設定しなければなりません。対策は実施することが目的ではなく、狙いとしている実施効果を得ることが目的であることを見失ってはいけません。

対策自体がいかに上手く実行できたとしても、「現状」に対して一向に変化が見られないようでは、対策を実施したことが有効であったと評価できません。対策は「あるべき姿」へ向けて「現状」を変えていくために実施するものです。その変化の度合いにもとづいて対策実施の有効性を判断する基準となるものが改善目標値です。このことから、改善目標値なくして対策を実施する意味がないことが理解できると思います。

要するに、改善活動とはより確実に改善効果を得るための一連の取組み

3.1 問題解決活動の進め方

であることを強く認識しなければなりません。極論をいうと、「対策を実際に実施する前段階で既に実施効果がわかっている」と言い切れるように、対策の検討や改善目標値の設定などの段階において事前検討をしっかり行っておくことが必要なのです。改善活動においては、どのような対策を実施したのかという視点も重要ですが、「あるべき姿」へ向けて「現状」をどの程度変えようとして、その結果としてどの程度まで変えることができたのかという視点のほうがより重要です。そのために、改善目標値の設定→対策の実施→対策実施効果の測定→改善目標値達成度合いの検証という流れで改善活動の全容を説明できなければならないのです。

実際に対策を立案する際には、前もって作成した特性要因図をもとにして原因を特定し、その原因が4M2Sのどの要素に関するものなのかを踏まえたうえで、取り組むべき対策を漏れなく立案します(**図表3.2**)。このためには、特定した原因に対して、

- Education：教育や訓練すべきことは何か
- Engineering：技術や工学的に実施すべきことは何か
- Enforcement：強化や徹底すべきことは何か

図表3.2　対策立案の観点

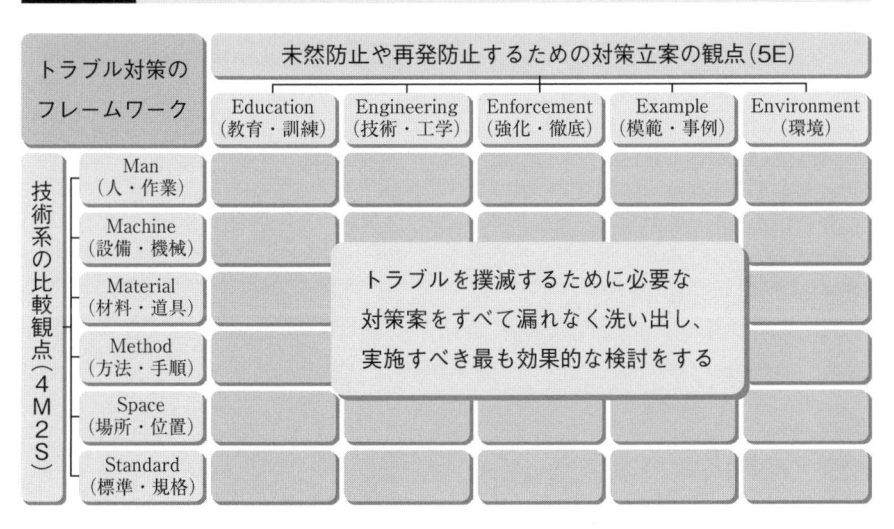

トラブル対策の フレームワーク	未然防止や再発防止するための対策立案の観点(5E)				
	Education (教育・訓練)	Engineering (技術・工学)	Enforcement (強化・徹底)	Example (模範・事例)	Environment (環境)
技術系の比較観点(4M2S)	Man(人・作業)					
	Machine(設備・機械)					
	Material(材料・道具)					
	Method(方法・手順)					
	Space(場所・位置)					
	Standard(標準・規格)					

トラブルを撲滅するために必要な対策案をすべて漏れなく洗い出し、実施すべき最も効果的な検討をする

- Example：模範や事例として示すべきことは何か
- Environment：環境面で配慮すべきことは何か

という5つの観点から対策を検討することで、漏れのない対策を立案することができます。これらを「対策の5E」といいます。技術的なトラブルが発生した場合の対策では、Engineeringの観点からの対策は誰でも検討することなのですが、EducationやExampleといった観点からの対策までは、余程のことがない限りなかなか検討が及ばないものです。トラブルの再発防止ができない理由の一つは、このような検討不足に由来しており、この結果としてトラブルが再発した後に検討不足が発覚するような不幸な事態を招いてしまっているのです。

再発防止と未然防止という2通りの進め方がありますが、
- 再発防止とは、発生した問題がその後に続発することを防止すること
- 未然防止とは、発生の可能性のある問題を洗い出し対策を打つことで防止すること

という考え方で、いずれも問題の発生を防止するための取組みです。問題解決活動に取り組むことの目的は、良い問題を発見して確実に解決することですが、
- 良い問題とは、現場の変革を促すような問題のこと
- 確実に解決するとは、発見した問題が二度と発生しない状態をつくること

ということができます。苦労して良い問題を発見したとしても、その後の杜撰（ずさん）な対策で不十分な解決をしてしまうと、大魚を逃すようなことになりかねません。対策の5Eという考え方にもとづいて、問題に対して確実な再発防止や未然防止を図ることが求められるのです。

手順9　活動報告書を作成する

「あるべき姿」の実現へ向けて「現状」を変えていくための一つの取組みが終わったら、改善活動の仕上げとして一連の結果をまとめ上げて、関

係者と共有するための活動報告書を作成します。一つひとつの改善活動について、得られた結果の成否にかかわらず、改善活動を通じて得られた結果や経験、知見を関係者と共有することで、取組み内容を水平展開するだけでなく、お互いの勉強のための題材を提供することができます。

　些細な改善活動にもかかわらず、大量のページ数を費やして作成された活動報告書を見かけることがあります。活動報告書としての内容のなさを大量のページ数を作成したという努力で補うかのような対応は、大量のページを作成することに費やした時間の無駄、大量のページ数となった活動報告書をプリントするための用紙の無駄、分厚い活動報告書を読まされることに関する時間と努力の無駄というように、数多くの無駄を生む社会的損失であると考えるべきです。

　より良い活動報告書を作成できるようになるには、自分が作成した活動報告書を自己評価するだけでなく、他者が作成した活動報告書を数多く参照して、その出来栄えを確認する習慣をもつことが大切です。このような習慣が身につくことで、活動報告書の良し悪しを見極める眼力が向上します。参考までに図表3.3に作成と評価のポイントを示します。

手順10　継続的改善に取り組む

　問題解決活動とは、「あるべき姿」の実現へ向けて「現状」を変革していくための総合的な取組みであると、これまで繰り返し説明してきました。具体的には、「あるべき姿」と「現状」とのギャップとして発見した「問題」の解決へ向けて、全体的かつ体系的に立案した一連の実行施策を順次実施していくことを通じて、継続的な改善に取り組んでいくための活動といえます。したがって、「あるべき姿」の実現へ向けた継続的な取組みがどの程度まで進捗していて、その結果として「現状」がどの程度まで変革してきているのか、という視点で問題解決活動全体を定点観測していくことが必要となります。

　問題解決活動全体を定点観測するためには、SRストーリーという考え方にもとづいて活動レビューを行うことが有効です。SRストーリーとは

図表3.3　活動報告書に関する作成ポイントおよび出来栄え評価表

視点	ポイント	評価
取組みの背景や狙いを明確にする	「あるべき姿」とロジックツリーで改善活動の位置づけが明確である	
	「現状」を変えるための狙いが明確である	
改善目標値や対策実施内容を明確にする	課題解決の特性要因図で対策の実施対象領域が明確である	
	各対策の改善目標値と実施内容が明確である	
対策の進捗状況や実施効果を明確にする	各対策を通じて得られた実施効果が明確である	
	各対策の実施効果に対する改善目標値の達成レベルが明確である	
今後の進め方を明確にする	改善活動における良かった点と悪かった点が明確である	
	良かった点と悪かった点に関する今後の進め方が明確である	
活動報告書の出来栄え	P・D・C・Aに関する各ポイントを踏襲している	
	適確かつ簡潔な表現を通じてより少ないページ数で仕上げている	

評価基準 ⇒ レベル5：大変良い、4：良い、3：どちらでもない、2：悪い、1：大変悪い(記載なしを含む)

問題解決活動における羅針盤といえるもので、これによって問題解決活動に関する取組みのブレを防止できると同時に、取組みを正しい方向に導いてくれます。

手順9の「活動報告書を作成する」で説明したように、一つの改善活動が終わると、取組み内容、取組み結果、今後の課題というように新たな情報を得ることができます。取組み内容から、改善活動において実施された対策によってやり方がどのように変わってきたのかという点をS(System)の変化として捉えることができます。取組み結果から、改善活

動において実施された対策の効果によって結果がどのように現れてきたのかという点をR(Result)の変化として捉えることができます。そして、今後の課題から、取組みに関する反省点と問題点を今後の課題として捉えることができます。

特に今後の課題については、やり方Sと結果Rとの対比という縦軸としての視点だけではなく、過去から将来へ向けた他の活動との関連性という横軸としての視点からも検討できるようになります。これによって、問題解決へ向けた一連の取組みに一貫性をもたせることができ、継続的改善につながります。

このように一つの改善活動に関する実施結果をSRストーリーに落とし込むことで、過去から現在、さらには現在から将来にわたる一連の活動に関する流れを見える化できるようになります。このことが、問題解決に関する活動の経緯を全体的視点からわかりやすく整理できるだけではなく、これからの取組みのブレを防ぐことにもつながっていくのです。

3.2　問題解決活動の実践事例

　これまで問題解決を実践するための手順について説明してきましたが、これによって全体的な進め方、および一連の手順に関する概要が大凡イメージできたかと思います。その大凡のイメージを踏まえて、これからは一連の手順を通じて行うことを、事例を使って手順ごとに具体的に説明していきます。題材とする事例は、筆者自身が実際に取り組んできた問題解決教育全社展開活動のなかから、各手順において代表的でかつご紹介できる資料を抜粋したものです。ただし、各資料内の記述内容については必要に応じて適宜修正を加えていますので、ご承知置きください。また、一部の資料については、拙著『技術者の仕事の基本　問題解決力』にも取り上げています。

【ステップ1】今まさに取り組むべき問題を発見する（手順1～3）

　このステップ1での狙いは、実際に目に見えているさまざまな望ましくない状態を通じて、実際には目に見えない潜在している問題を目に見えるようにすることです。これから始まる問題解決活動の取っ掛かりとなるとても重要なステップであり、ここでの目の付け所や問題認識の良し悪しが、その後の問題解決活動の成果や進捗に大きな影響を及ぼします。

　このステップで注意すべきことは、実際に目に見える望ましくない状態が発生する理由を徹底的に考え抜くことです。この時点では、望ましくない状態にいかに手を打つかを考えてはいけません。筆者の場合においても、開発部門では技術トラブルが再発防止できない、営業部門では売上げが伸びない、スタッフ部門では人材育成が捗らないなど、どこの会社でも見られるような望ましくない状態がさまざまな形で見えていました。

　このような望ましくない状態に対して、技術部門での再発防止徹底策や、営業部門での売上向上策や、スタッフ部門での人材育成促進策などの対策を改善活動として実施することは、時には緊急対応として必要であることから、決して否定するものではありません。しかし、このような対症療法的な取組みは、即効性があって一時凌ぎにはなっても、得てして成果が定着しにくいという難点があります。ここで考えるべきことは、このような望ましくない状態が「なぜ起きる」のか、このような望ましくない状態が二度と起きないようにするにはどうすればよいのかです。

　現場の方々と話し合ってわかったことは、現場の方々は自分たちにとって何が問題であるのかが意外にわかっていないことです。実際に見えるさまざまな望ましくない状態に目を奪われてしまって、自分の仕事を通じて真の問題を発見して解決するという、いわゆる"問題解決力"が低下していることが潜在的な問題として見えてきたのです。

　そこで、現場の方々と話し合った結果や、過去に実施した問題解決関連の研修アンケートなどをもとにして、特性要因図を作成しながら問題解決力が低いことに関係する要因を洗い出しました（**図表3.4**）。

3.2 問題解決活動の実践事例

図表 3.4 手順 1（問題を認識する）：問題発見の特性要因図

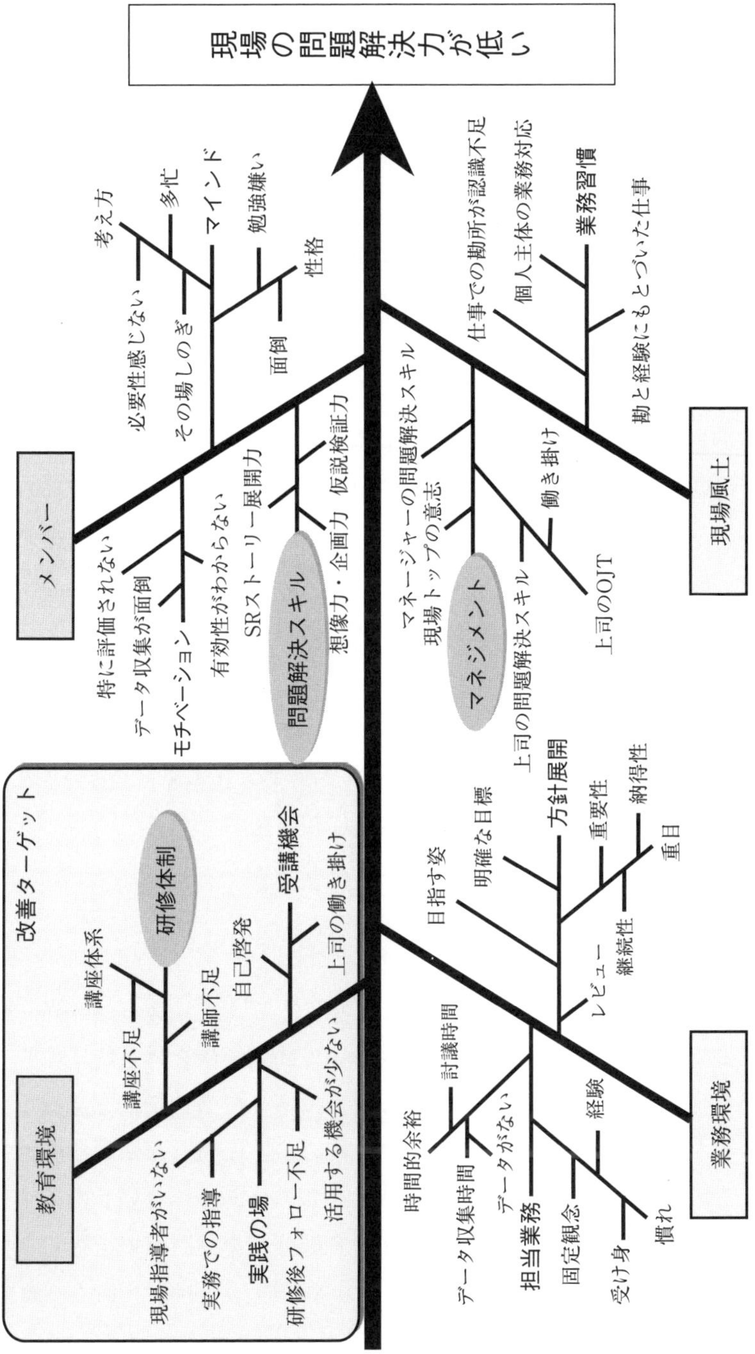

（特性）現場の問題解決力が低い

メンバー
- 考え方
- 多忙 — マインド
- 勉強嫌い
- 性格
- 必要性感じない
- その場しのぎ — モチベーション
- 特に評価されない
- データ収集が面倒
- 有効性がわからない
- SRストーリー展開力
- 想像力・企画力
- 仮説検証力 — 問題解決スキル

現場風土
- 仕事での勘所が認識不足
- 個人主体の業務対応 — 業務習慣
- 勘と経験にもとづいた仕事
- 働き掛け
- 上司のOJT

マネージャーの問題解決スキル
- 現場トップの意志 — マネジメント

教育環境
- 講座体系
- 講師不足 — 研修体制
- 自己啓発
- 受講機会
- 現場指導者がいない
- 実務での指導 — 実践の場
- 研修後フォロー不足 — 活用する機会が少ない
- 上司の働き掛け

改善ターゲット

業務環境
- 目指す姿
- 明確な目標
- 方針展開
- 上司の問題解決スキル
- 重要性
- 納得性
- 重目
- レビュー
- 継続性
- 時間的余裕
- 討議時間
- データがない
- データ収集時間
- 経験
- 担当業務
- 固定観念
- 受け身
- 慣れ

注）太字部：現場での問題意識が特に高い要因、楕円：現場での問題意識が高い要因

81

この結果、①メンバー、②現場風土、③業務環境、④教育環境という4つに各要因を分類することができたのです。そして、この4つの分類のなかで基盤となる領域は教育環境であるとの認識から、この教育環境をまず初めに手掛けるべき改善ターゲットに設定しました。ただし、教育環境が問題解決力が低いことに影響しているという関係性は、この段階においては未だ仮説に過ぎないことから、この両者の間の関係性の有無を事実データで検証しました。

教育環境のなかから主要な要因として、①受講機会、②上司の働き掛け、③実践の場、④活用する機会が少ないという4つの要因を取り上げて、現場の方々にアンケートを実施しました。その結果、4つの要因のすべてが問題解決力のレベルと強い正の相関関係を有していて、それぞれの回数が増加するほど問題解決力が高まっていることが事実データで検証できたのです（図表3.5）。そこで、この結果を踏まえて問題解決教育の全社展開活動を事実上スタートさせたのです。

まず初めに取り組んだことは、問題解決教育の全社展開ということを基軸にして、①将来の夢、②環境変化、③原理・原則、④顧客満足、⑤効果・効率という5つの視点から環境与件を検討することです（図表3.6）。この検討を通じて強く認識できたことは、

- 会社の事業変革や業績につながる教育
- 体系的で一貫した教育
- 現場実務に役立つ教育

の重要性であり、この3つの要素を基軸にしてまず「あるべき姿」を想像したのです。入社直後の新人研修において問題解決を体系的に理解できる基盤を養成した後、各々期待される役割に応じて会社業績を意識しながら実務のなかで問題解決を実践していくための、一貫した問題解決教育を展開する教育環境をイメージしたのです。この「あるべき姿」のイメージと対比する形で、問題解決教育の現在の実施体制を現時点で把握できている情報をもとにして「現状」に表現したのです。さらに、「あるべき姿」と「現状」との違いを浮き彫りにするために、

3.2 問題解決活動の実践事例

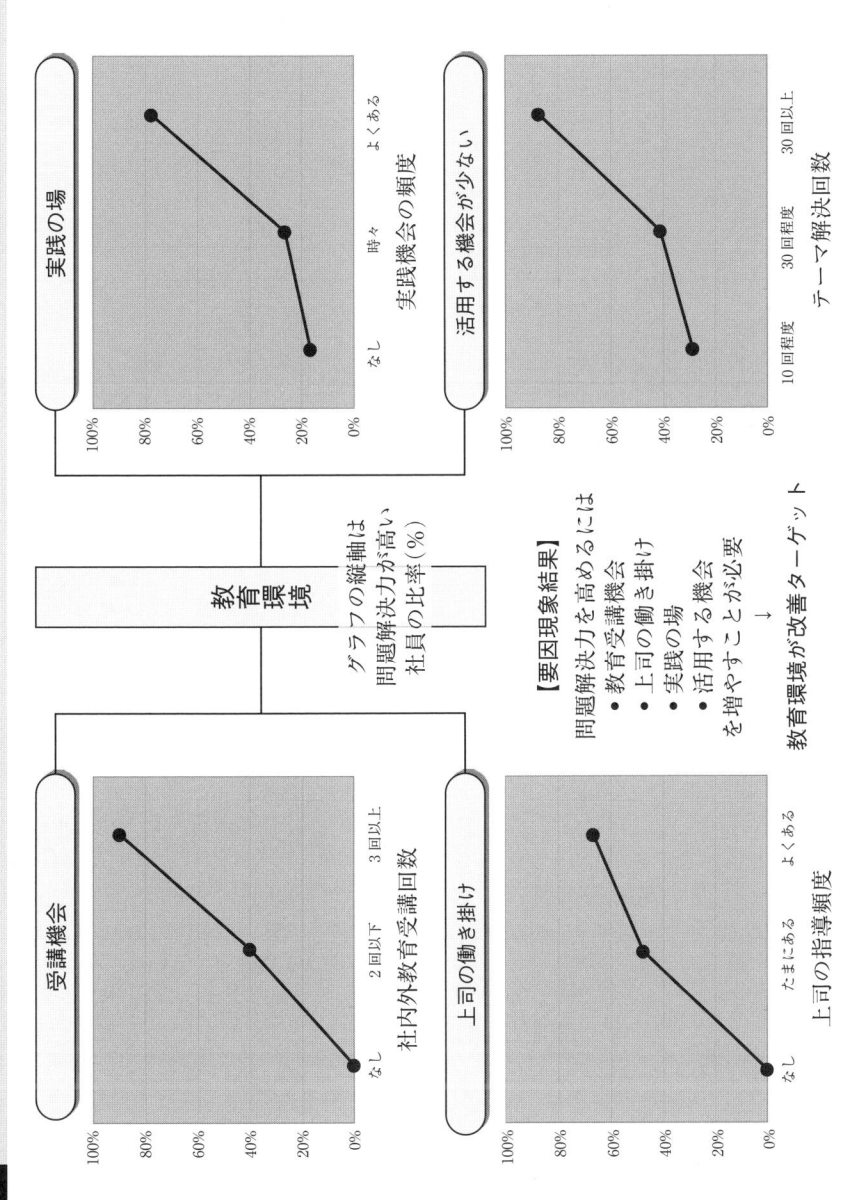

図表 3.5　手順1（問題を認識する）：要因効果の検証

【要因現象結果】
問題解決力を高めるには
- 教育受講機会
- 上司の働き掛け
- 実践の場
- 活用する機会
を増やすことが必要
↓
教育環境が改善ターゲット

グラフの縦軸は
問題解決力が高い
社員の比率（%）

教育環境
- 受講機会：社内外教育受講回数（なし／2回以下／3回以上）
- 上司の働き掛け：上司の指導頻度（なし／たまにある／よくある）
- 実践の場：実践機会の頻度（なし／時々／よくある）
- 活用する機会が少ない：テーマ解決回数（10回程度／30回程度／30回以上）

83

第3章　問題解決活動の進め方と勘所

図表3.6　手順2（環境与件を検討する）：5つの視点からの検討

将来の夢 （ビジョン）	・会社の事業基盤を形成するために必要とされる人材を育成する。 ・すべての社員の人材育成に役立つ教育環境を提供する。 ・必要な人が必要なときにどこにいても学習できる教育システムを構築する。
環境変化 （リスクアセスメント）	・会社の経営を支えていた現在のビジネスモデルが崩れてきている。 ・会社の新規事業を成功に導く主要なスキルとして問題解決力が求められている。
原理・原則 （KFS）	・人材育成は体系的にかつ長期的に一貫して取り組まなければならない。 ・教育目的が明確で実施効果が検証できなければならない。 ・受講者どうしが触発し合えなければならない。
顧客満足 （CS）	・お客様の経営課題の解決に貢献できる人材が求められている。 ・単なる知識習得でなく現場業務に役立つ教育が求められている。 ・考える力を育成する教育が求められている。
効果・効率 （ベンチマーク）	・××社では社員全階層にわたって教育プログラムがラインナップされている。

- **現状**：問題発見や問題解決の議論が職場で不活性
- **あるべき姿**：問題発見や問題解決の議論が職場で日常化

という具合に、問題解決教育の結果として目指したい状態と現在の状態との違いをわかりやすく表現しました。このように「あるべき姿」と「現状」を対比できると、両者間の教育環境の違いがこのような状態の違いを招いているという状況がとてもよく理解でき、「あるべき姿」と「現状」とのギャップがより鮮明に認識できるようになります。この結果、「あるべき姿」と「現状」の内容と矛盾しない、両者と整合がとれるように「ギャップ＝問題」を表現できるようになります。

このようにして、「あるべき姿」と「現状」とのギャップとして「問題」を見える化できると、「あるべき姿」を目指して「現状」をどのように変えていけばよいか、容易にイメージできるようになります。この状態が、

「問題を発見できた」ということなのです（図表 3.7）。

【ステップ 2】発見した問題を解決へ導くための課題を設定する（手順 4 ～ 6）

　このステップ 2 での狙いは、発見した問題を解決するために、「現状」を「あるべき姿」の実現へ向けて変えていくための問題解決の道筋を明確化することです。この後に始まる実行施策を遂行するための個別の改善活動の方向性や内容を決定づける重要なステップであり、ここでの検討の良し悪しが、その後の問題解決活動の成否に大きな影響を及ぼします。

　「あるべき姿」の実現へ向けて変えていくための対象となるものは「現状」なので、まずは「現状」を事実データにもとづいて詳しく知ることが必要です。問題解決のフレームワークを検討する時点での「現状」は、「あるべき姿」との対比で差異がわかる程度の内容で十分ですが、この時点での「現状」は、これからの問題解決の進め方を検討できるようなレベルの内容が必要となるのです。そのため、現場・現物・現実の三現主義に則って、現状把握や現状分析を丹念に行わなければなりません。この時点で「現状」についての見落としがあると、問題解決の方向性や道筋に狂いが生じてしまうことがあるので、注意が必要です。

　問題解決に関する教育環境を改善ターゲットとして設定したことから、どのような問題解決教育が現在までに展開されてきて、その結果として問題解決スキルが現時点でどの程度のレベルになっているのか、が現状把握や現状分析のポイントになります。

　そこで、まず初めに問題解決スキルの現状を調査して、その結果を分析してみたところ、問題解決スキルのなかでも特に低いレベルにあるワースト 3 は、SR ストーリー展開力、仮説検証力、想像力・企画力といったスキルであることが判明したのです（図表 3.8）。SR ストーリー展開力は継続的改善のために、仮説検証力は事実データで裏付けをとるために、想像力・企画力は「あるべき姿」をイメージするために、といったように、どれも問題解決スキルのなかでも肝心要のスキルばかりです。

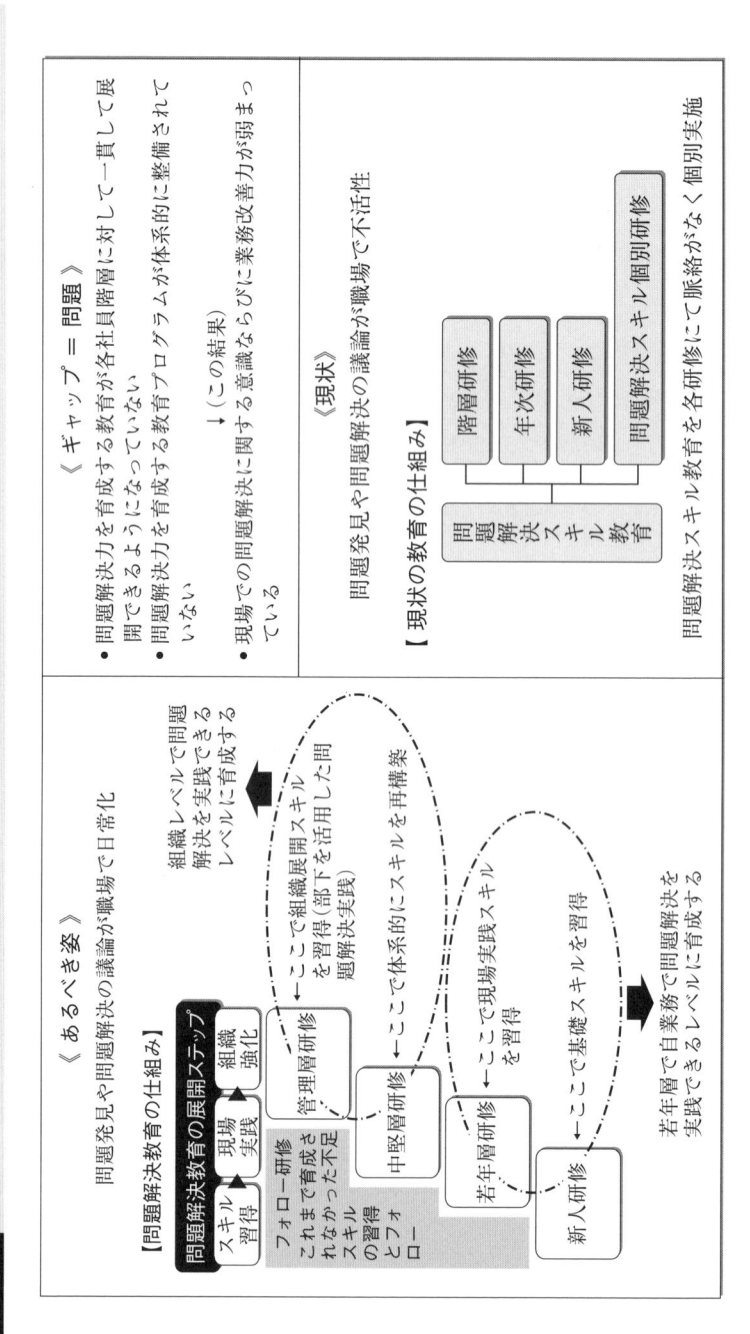

第3章　問題解決活動の進め方と勘所

図表 3.7　手順3（問題を発見する）：問題解決フレームワーク

《ギャップ＝問題》
- 問題解決力を育成する教育が各社員階層に対して一貫して展開できるようになっていない
- 問題解決力を育成する教育プログラムが体系的に整備されていない
　↓（この結果）
- 現場での問題解決に関する意識ならびに業務改善力が弱まっている

《現状》
問題発見や問題解決の議論が職場で不活性

【現状の教育の仕組み】

問題解決スキル教育
├ 階層研修
├ 年次研修
├ 新人研修
└ 問題解決スキル個別研修

問題解決スキル教育を各研修にて脈絡がなく個別実施

《あるべき姿》
問題発見や問題解決の議論が職場で日常化

【問題解決教育の展開ステップ】

- スキル習得
- 現場実践
- 組織強化

- 管理層研修 → ここで組織展開スキルを習得（部下を活用した問題解決実践）
- 中堅層研修 → ここで体系的にスキルを再構築
- 若年層研修 → ここで現場実践スキルを習得
- 新人研修 → ここで基礎スキルを習得

フォロー研修（これまで育成されなかったスキルの習得とフォロー）

若年層で自業務で問題解決を実践できるレベルに育成する

組織レベルで問題解決を実践できるレベルに育成する

86

3.2 問題解決活動の実践事例

図表 3.8　手順 4（現状を把握・分析する）：問題解決スキルの現状

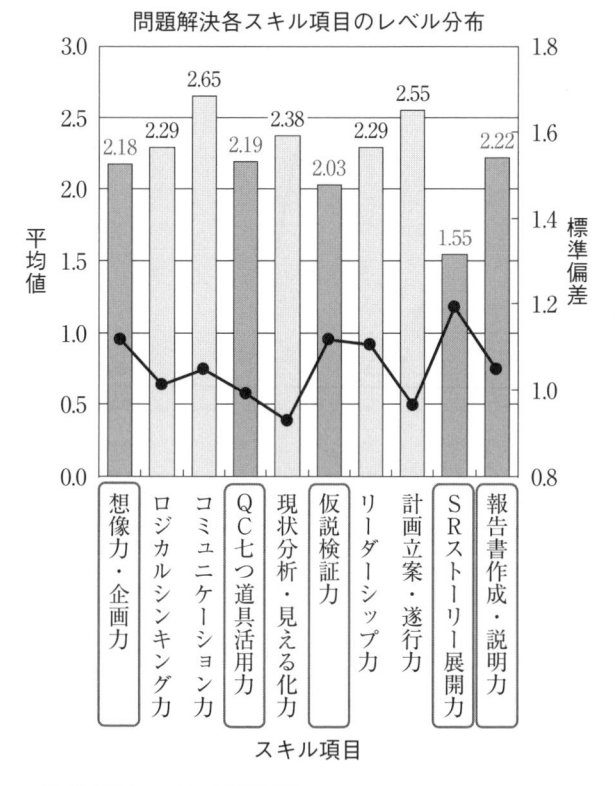

問題解決各スキル項目のレベル分布

平均値（左軸）／標準偏差（右軸）

スキル項目	平均	標準偏差
想像力・企画力	2.18	約1.15
ロジカルシンキング力	2.29	約1.00
コミュニケーション力	2.65	約1.05
QC七つ道具活用力	2.19	約0.95
現状分析・見える化力	2.38	約0.90
仮説検証力	2.03	約1.15
リーダーシップ力	2.29	約1.10
計画立案・遂行力	2.55	約0.95
SRストーリー展開力	1.55	約1.20
報告書作成・説明力	2.22	約1.05

□ 平均　● 標準偏差

　このようにして、問題解決スキルの現状が事実として見えただけではなく、仕掛けるべき教育内容を把握できました。そこから、万遍なく全体的な教育を展開するのではなく、重点的に取り組むべき教育内容がわかってきたのです。

　次に、問題解決スキルにこのような状態をもたらした問題解決教育に関する実態を調査して、どのような問題解決教育が全社的にどのように展開されているのかについて把握しました（**図表 3.9**）。この結果、さまざまな研修を通じて必要に応じて個別最適的な教育が断片的に実施されているような状態で、全体最適が図られ、一貫性があって体系的に問題解決力を育

第3章　問題解決活動の進め方と勘所

図表3.9　手順4(現状を把握・分析する)：問題解決教育実施調査結果

問題解決教育に関する実態調査結果

対象	社員A層	社員B層	社員C層	社員D層	社員E層
全体教育	＊＊＊研修 ・社会人基礎全般 ・問題解決概要	＊＊＊研修 ・問題解決基礎		＊＊＊研修 ・SRストーリー実践 ・問題発見の考え方	＊＊＊研修 ・方針展開・管理
A職種教育	＊＊＊人研修 ・問題解決基礎 ・現状見える化実習 ・ものづくり製作実習	＊＊＊研修 問題解決全般			
B職種教育	＊＊＊研修 ・業務分析 ・改善活動			＊＊＊研修 ・問題解決基礎/応用	＊＊＊研修 ・品質教育基礎/応用
C職種教育	＊＊＊研修 ・QCセッション				

成するようになっていないことがわかったのです。

このようにして、教育内容だけではなく、教育体制そのものについても取り組まなければならないことがわかりました。

現状把握や現状分析の結果を通じて事実として見えてきたことをもとにして、「あるべき姿」の実現へ向けて「現状」を変えていくための大課題を、体系的で一貫した問題解決教育プログラムの整備充実と各社員階層への確実な教育の展開として設定した時点で問題解決フレームワークが完成したのです(**図表3.10**)。

問題解決フレームワークが完成したら、現状把握や現状分析した結果を踏まえて、教育内容や教育体制を変えていくための道筋を検討します。具体的には、ロジックツリーを活用して、「あるべき姿」の実現へ向けて設定した大課題を体系的に分解していくことで、

　① 年次階層プログラムへの展開
　② スキル教育プログラムへの展開

3.2 問題解決活動の実践事例

図表 3.10 手順5（取組み課題を分解する）：大課題の設定

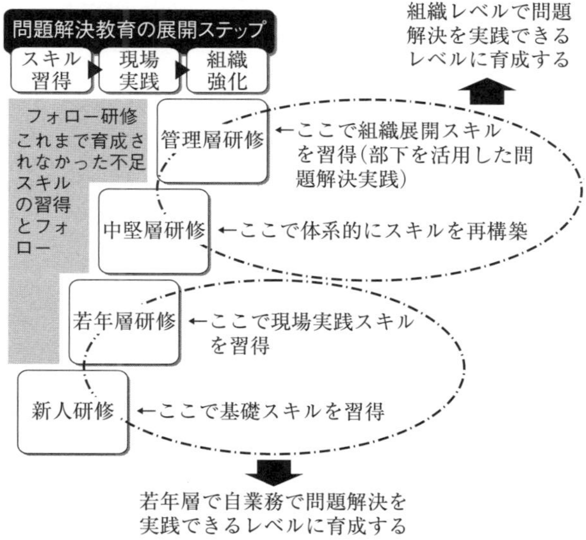

《ギャップ＝問題》
- 問題解決力を育成する教育が各社員階層に対して一貫して展開できるようになっていない
- 問題解決力を育成する教育プログラムが体系的に整備されていない
  ↓（この結果）
- 現場での問題解決に関する意識ならびに業務改善力が弱まっている

《現状》
問題発見や問題解決の議論が職場で不活性

【現状の教育の仕組み】

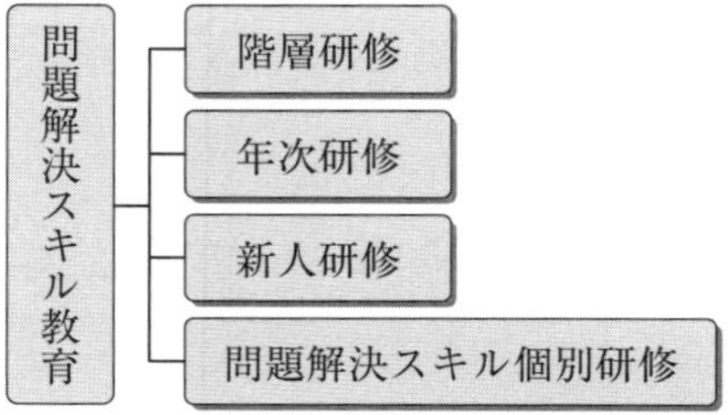

```
問題解決スキル教育 ─┬─ 階層研修
                    ├─ 年次研修
                    ├─ 新人研修
                    └─ 問題解決スキル個別研修
```

各研修での問題解決スキル教育の充実と各社員階層への確実な個別実施

《あるべき姿》
問題発見や問題解決の議論が職場で日常化

【問題解決教育の仕組み】

問題解決教育の展開ステップ
- スキル習得
- 現場実践
- 組織強化

管理層研修 ← ここで組織展開スキルを習得（部下を活用した問題解決実践）
中堅層研修 ← ここで体系的にスキルを再構築
若年層研修 ← ここで現場実践スキルを習得
新人研修 ← ここで基礎スキルを習得

フォロー研修：これまで育成されなかったスキルの習得とフォロー

→ 若年層で自業務で問題解決を実践できるレベルに育成する
→ 組織レベルで問題解決を実践できるレベルに育成する

大課題 ⇒ 体系的で一貫した問題解決教育プログラムの整備充実と各社員階層に脈絡がなく確実な教育の展開

③　問題解決研修トレーナーの育成
④　問題解決研修受講後の現場実務を通じた実践支援
⑤　問題解決スキルレベルの把握

という5つの中課題に分解し、さらにこの中課題を分解して全体で9項目の実行施策を立案したのです（図表3.11）。

【ステップ3】設定した課題を継続的取組みで解決していく（手順7〜10）

　このステップ3での狙いは、「現状」を「あるべき姿」の実現へ向けて変えていくための道筋を着実にたどることです。これまでに検討してきたことを実際に具現化する重要なステップであり、ここでの取組みの良し悪しが、問題解決活動に関する成果の獲得に大きな影響を及ぼします。

　ロジックツリーを活用して大課題から実行施策が展開できたら、この後は改善活動を通して一つひとつの実行施策に取り組んでいくわけです。ここでのポイントは、

- この実行施策になぜこれまで取り組もうとしなかったのか
- この実行施策になぜこれまで取り組むことができなかったのか

という視点です。このような視点から実行施策を検討することで、How toという単なる"やり方"面からの検討に留まらず、Whyという"なぜなぜ"面からの検討ができるため、より本質的な改善活動に取り組むことができるようになります。

　このように一つひとつの実行施策に対して改善活動を展開するには、実行施策を実施するために必要となる要素を特性要因図ですべて洗い出すことが有効です。ここでは、「問題解決現場実践支援」という実行施策に対して改善活動を展開するためには、「これまでは現場実践に役立つような教育が提供できていなかったから、問題解決現場実践支援ができていなかった」と考えたのです。このように考えると、「研修後の現場実践への役立ち度が低い」という視点から"なぜなぜ"を展開できるようになり、この結果として特性要因図を作成できます（図表3.12）。

3.2 問題解決活動の実践事例

図表 3.11 手順6（実行施策を立案する）：ロジックツリー

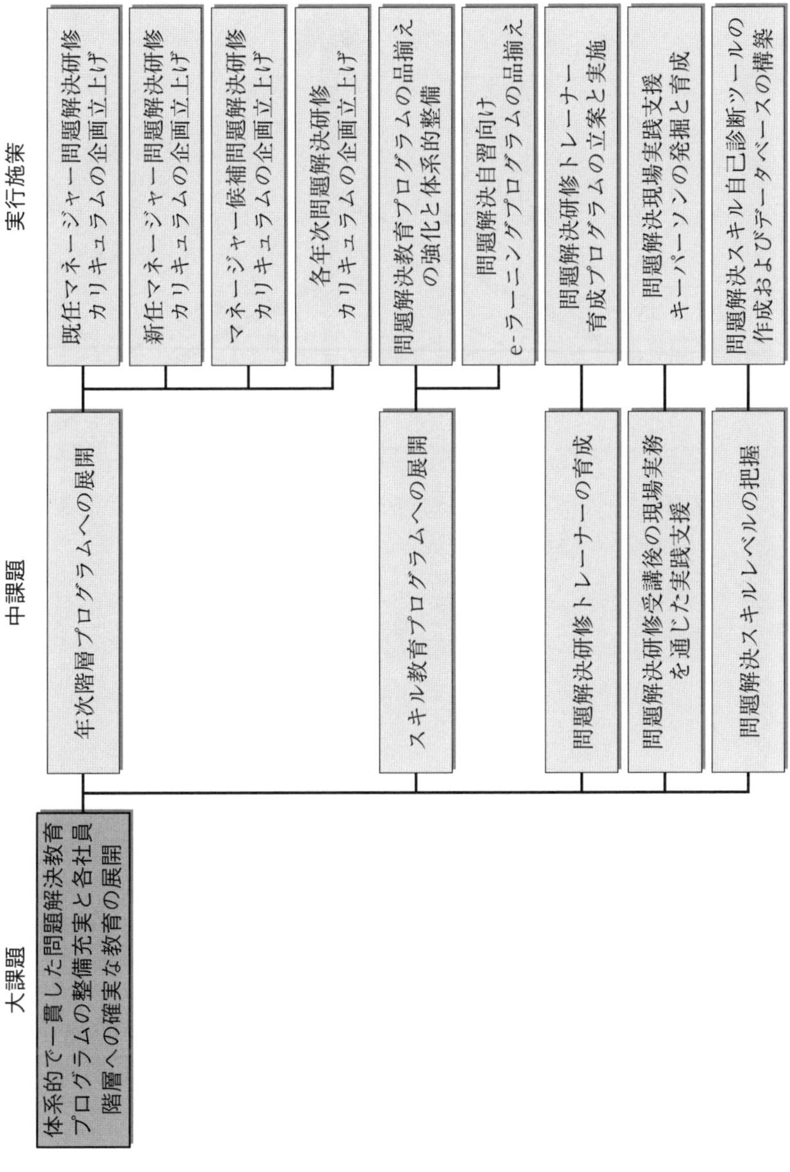

大課題／中課題／実行施策

- 体系的で一貫した問題解決教育プログラムの整備と各社員階層への確実な教育の展開
  - 年次階層プログラムへの展開
    - 既任マネージャー問題解決研修カリキュラムの企画立上げ
    - 新任マネージャー問題解決研修カリキュラムの企画立上げ
    - マネージャー候補問題解決研修カリキュラムの企画立上げ
    - 各年次問題解決研修カリキュラムの企画立上げ
  - スキル教育プログラムへの展開
    - 問題解決教育プログラムの強化と体系的整備
    - 問題解決自習向けe-ラーニングプログラムの品揃え
  - 問題解決研修トレーナーの育成
    - 問題解決研修トレーナー育成プログラムの立案と実施
  - 問題解決研修受講後の現場実務を通じた実践支援
    - 問題解決現場実践支援キーパーソンの発掘と育成
  - 問題解決スキルレベルの把握
    - 問題解決スキル自己診断ツールの作成およびデータベースの構築

91

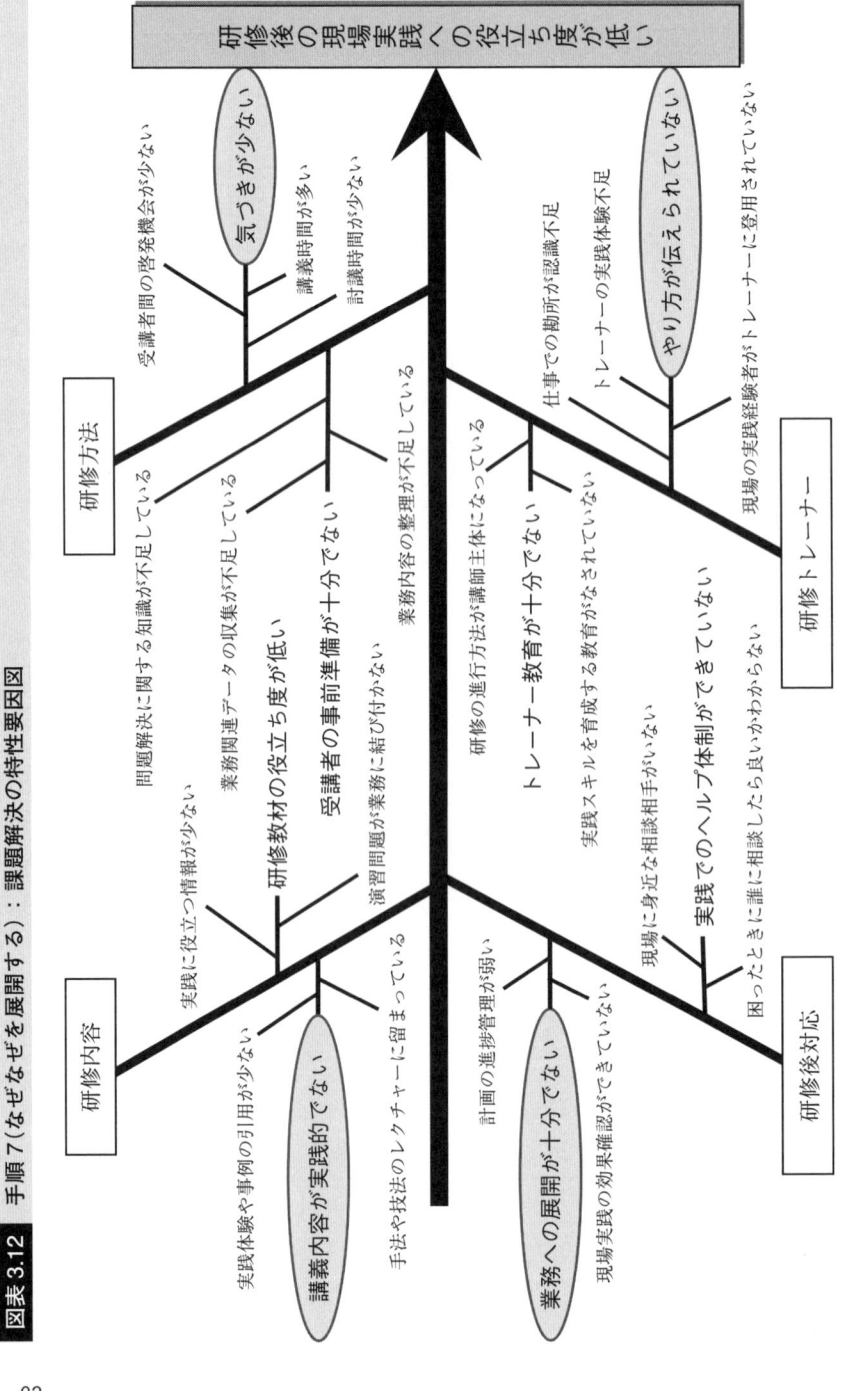

第3章　問題解決活動の進め方と勘所

図表 3.12　手順7（なぜなぜを展開する）：課題解決の特性要因図

（研修後の現場実践への役立ち度が低い）

研修方法
- 気づきが少ない
  - 受講者間の啓発機会が少ない
  - 講義時間が多い
  - 討議時間が少ない

研修トレーナー
- やり方が伝えられていない
  - 仕事での勘所が認識不足
  - トレーナーの実践体験不足
  - 現場の実践経験者がトレーナーに登用されていない

研修内容
- 研修教材の役立ち度が低い
  - 問題解決に関する知識が不足している
  - 業務関連データの収集が不足している
  - 受講者の事前準備が十分でない
  - 演習問題が業務に結び付かない
  - 業務内容の整理が不足している
- 講義内容が実践的でない
  - 実践に役立つ情報が少ない
  - 実践体験や事例の引用が少ない
  - 手法や技法のレクチャーに留まっている
  - 研修の進行方法が講師主体になっている
  - トレーナー教育が十分でない
  - 実践スキルを育成する教育がなされていない

研修後対応
- 業務への展開が十分でない
  - 計画の進捗管理が弱い
  - 現場に身近な相談相手がいない
  - 実践でのヘルプ体制ができていない
  - 困ったときに誰に相談したら良いかわからない
  - 現場実践の効果確認ができていない

92

そして、作成した特性要因図の各要因に対して、研修アンケートなどの事実データをもとにして要因検証を実施したところ、
- **研修方法**：気づきが少ない
- **研修内容**：講義内容が実践的でない
- **研修トレーナー**：やり方が伝えられていない
- **研修後対応**：業務への展開が十分でない

といったような要因が、現場実践への役立ちに強い相関関係にある、すなわち対策を打つべき原因であるということがわかったのです。

そこで、この4つの原因を改善するような対策を立案できたら、
- これらの対策を通じて何をどのレベルまで改善するのか
- 対策の実施によってどのレベルまで改善したのか

といったことを明確化するには、改善目標値を設定しなければなりません。改善目標値は、問題解決に関するスキル分布を、現状の平均値2.62から望ましい平均値3.5にまで引き上げようとする、とても挑戦的なレベルに設定しました（**図表3.13**）。さらに、問題解決スキルを向上させる狙いは真の変革を実現できる本物のチェンジリーダーの育成であり、その結果として高い生産性とビジネス構造の変革を実現することを現場サイドと合意しました。

手順9「活動報告書を作成する」に関する説明については、内容が詳細に及ぶため参考資料の例示は割愛します。

問題解決活動は取り組む問題が大きくなるほど、大規模な取組みと長期間の活動になります。そのため、四半期ごとや半期ごと、年度ごとといった定期的に、もしくは一つの取組みが終わったときなど、都度の節目において着実に活動レビューを実施しておかなければなりません。さもないと、いつの間にか活動が初期の狙いから大きく外れてしまうことが起きかねません。節目で都度レビューを仕掛けることで、活動のブレを防ぐだけでなく、活動全体をより良い方向へ導いていくことができるようになります。この際に有効な取組みがSRストーリーを展開することなのです（**図表3.14**）。

第3章　問題解決活動の進め方と勘所

図表 3.13　手順 8（改善活動を実施する）：改善目標値の設定

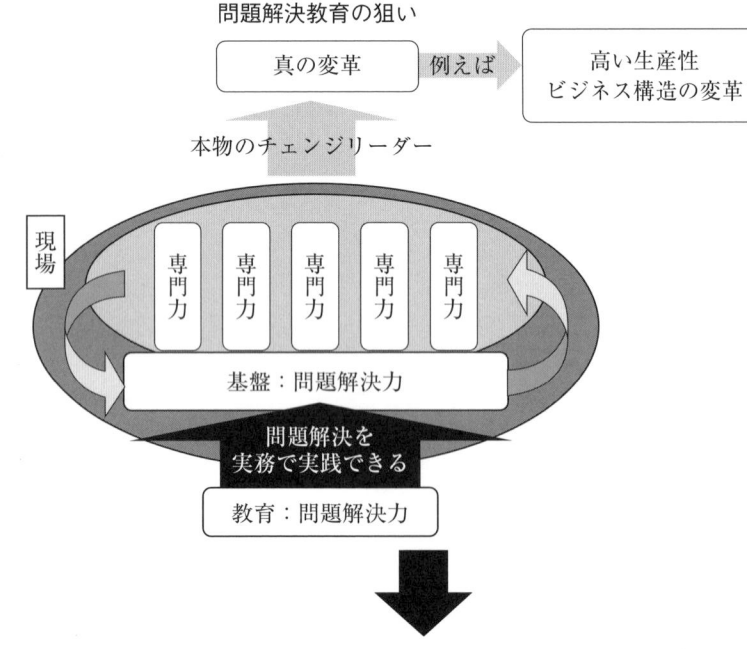

問題解決教育の狙い

真の変革 → 例えば → 高い生産性 ビジネス構造の変革

本物のチェンジリーダー

現場

専門力　専門力　専門力　専門力　専門力

基盤：問題解決力

問題解決を実務で実践できる

教育：問題解決力

問題解決教育の現状と目標

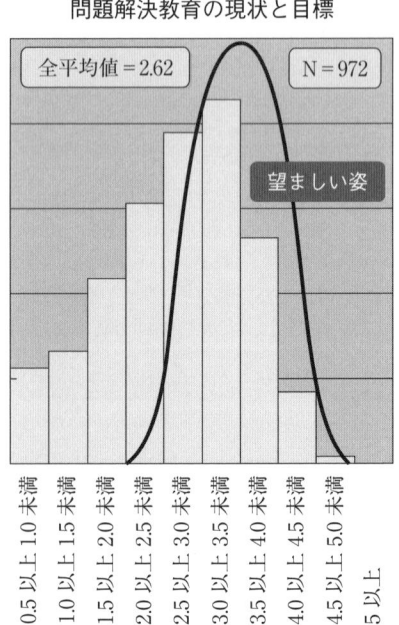

全平均値 = 2.62　　N = 972

望ましい姿

《問題解決スキルレベル》
- レベル 0〜1
   知っている
- レベル 1〜2
   使ったことがある
- レベル 2〜3
   自業務で活用している
- レベル 3〜4
   自部門で成果を出せる
- レベル 4〜5
   他部門を指導できる

0.5 以上 1.0 未満／1.0 以上 1.5 未満／1.5 以上 2.0 未満／2.0 以上 2.5 未満／2.5 以上 3.0 未満／3.0 以上 3.5 未満／3.5 以上 4.0 未満／4.0 以上 4.5 未満／4.5 以上 5.0 未満／5 以上

3.2 問題解決活動の実践事例

図表 3.14　手順10（継続的改善に取り組む）：SRストーリー

	これまでの実態	現在の状態	これからの進め方
システム（仕事のやり方）	S1 ・さまざまな研修において問題解決スキル教育が実施されているが、全体的に脈絡がなく、各研修で個別最適的に実施されている。	S2 ・各社員階層に対応した問題解決教育の仕組みが構築できた。 ・全職種に適用できる問題解決教育プログラムが体系的に整備できた。 ・問題解決力が定量的に計測できるようになった。	S3 ・現場の教育推進機能と連携した問題解決教育展開の仕組みが構築できている。 ・問題解決に関する共通言語・マインド・風土の形成に役立つ教育が現場へ展開できている。
結果（仕事の出来栄え）	R1 ・問題解決層に対しての教育が各社員階層に対して一貫して展開できるようになっていない。 ・問題解決力を育成する教育プログラムが体系的に整備されていない。 ・現場の意識・業務改善力の向上につながる問題解決教育環境の整備を充実する。	R2 ・現場の意識・業務改善力の向上につながる問題解決教育環境が整備されてきた。 ・しかし、現場での問題解決に関する意識ならびに業務改善力の向上につながる展開ができていない。 ・現場との連携を通じた現場力強化につながる問題解決教育を展開する。	R3 ・事業変革が実感できる業績トレンド変化の実現へ向けて意識的な問題解決と問題解決全社風土化の実現 ・業績トレンドでの問題解決に関する成果を見える化できている。 ・現場と連携して現場に継続的に展開できている。 ・業績トレンド変化の実現へ向けての現場での問題解決に関する意識ならびに業務改善力をさらに向上させる。
課題	・問題解決教育の本格展開へ向けた教育連携の進め方検討とその実現 ・問題解決推進スキルの教育メンバーの補強と問題解決推進スキルの早期育成	・経営課題につながる成果指標の設定 ・成果指標とリンクした教育内容現場実践の場づくりと活性化への仕掛け	・事業変革が実感できる業績トレンド変化と問題解決全社風土化の実現 ・問題解決を教え学べる現場への展開
	体系的で一貫した問題解決教育プログラムの整備充実と各社員階層への確実な教育の展開		

95

第3章　問題解決活動の進め方と勘所

　節目でのレビューにおいて大切なことは、何が「良いこと」で、何が「悪いこと」なのか、ということを、その時点におけるS(やり方)とR(結果)との対比を通じて考えることなのです。そして、「悪いこと」に対して徹底的に"なぜなぜ"を展開して要因を洗い出し、洗い出した要因のなかから要因検証を通じて原因を特定し、その原因を改善するための対策を考えて次の段階で確実に改善するのです。このようにして、「良いこと」はこれからも継続して、「悪いこと」はこれから改善するという具合に活動を展開していくのです。これがレビューを行う意義なのです。

　このような活動を展開できるようになると、「良いこと」は継続されて「悪いこと」は改善されるので、将来は現在より確実に良くなるはずです。このように、問題解決とは実はとても簡単な構図なのです。ところが、「問題解決が上手く進まず、将来に向けて一向に良い方向に向かわない」という声を現場でよく耳にします。なぜでしょうか。このような事態に陥る理由の多くは、S(やり方)とR(結果)との対比を通じて「良いこと」と「悪いこと」がしっかりと区別できていないことに起因しています。しっかりとしたレビューに取り組まないで、「腕まくりして次は頑張るぞ」といったような精神論的な取組みでは決して上手くいくわけはないのです。

　このSRストーリーは、方針管理と連動させると効果的な取組みとなることから、通常は半期末もしくは年度末を節目として展開するとよいと思います。SRストーリーにもとづいて節目での活動整理が習慣づくと、過去→現在→将来といった時系列の観点から横睨みして、常に活動を振り返ることができるようになります。そのため、活動の狙いに向かってブレることなく着実に歩んでいくことができるようになります。

　これまで、問題解決実践事例を活動ステップにもとづいて説明してきましたが、ご紹介した事例は問題解決教育の全社展開という大規模な問題に対応した結果であることから、木目の細かいとても丹念な取組みになっています。問題解決の対象となる問題には大小さまざまな規模が存在するので、問題の規模に応じて適切な対応を行うことが必要です。

3.3 問題解決活動の勘所

　前節まで問題解決活動に関する進め方と実践事例について説明してきましたが、これによって問題解決活動を通じて取り組むべきことの全体像と、取組みにおけるキーポイントを具体的に把握できたと思います。問題解決活動には最適解はあっても唯一の正解はないため、どこまで取り組んだらよいのかが明確ではなく、一度取り組んでしまうと落としどころが見えない際限のない状態に陥ってしまう懸念があります。問題解決活動は取り組む規模が大きければ良いというものではなく、取り組むべきことがどこまでしっかりと実践されているのかという視点が重要です。これによって、適切な取組みが実践できるようになります。ここでは、問題解決活動を全体的視点から俯瞰することを通じて、取組みにおけるキーポイントのなかでも、特に問題解決活動の成功に欠くことができない、肝中の肝である実践の勘所を確認していきます。

　問題解決活動を全体的視点から俯瞰したときの要所を簡潔に表現してみると、

- **問題解決フレームワーク**で「あるべき姿」と「現状」と「問題」を明確化し
- **ロジックツリー**で大課題としての取り組むべき方向性と実行施策を明確化し
- **特性要因図**でなぜなぜ展開を通じて特定した原因に対する改善活動を展開し
- **SRストーリー**で各節目でのレビュー結果を踏まえた継続的改善に取り組む

となります（図表3.15）。このような要所を踏まえて問題解決活動に取り組むポイントは、次の10項目です。

① 解決すべき問題の認識
② 問題を発生させない「あるべき姿」の想像
③ **問題解決フレームワークによる問題の発見**

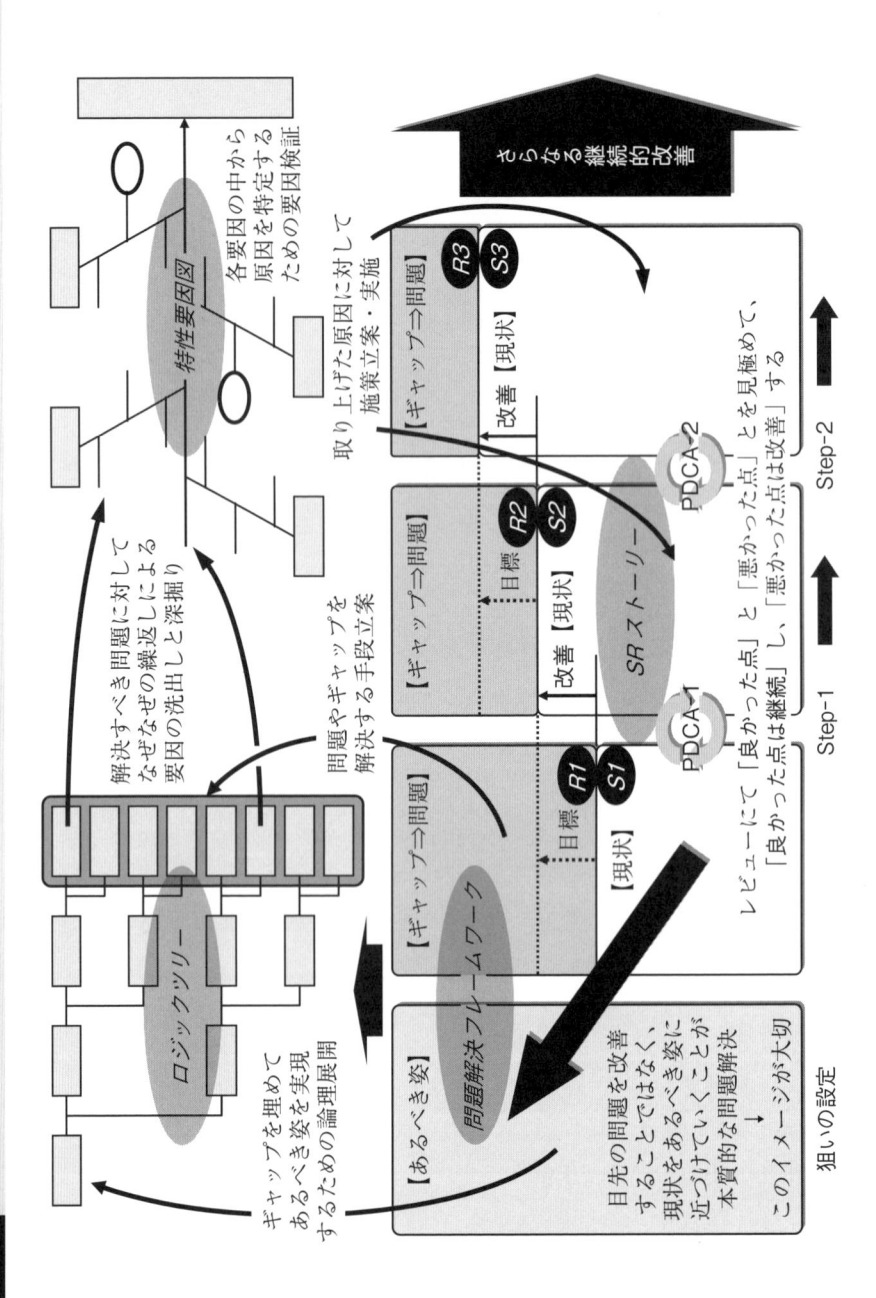

第3章　問題解決活動の進め方と勘所

図表 3.15 問題解決活動の全体像

3.3 問題解決活動の勘所

④ 事実データにもとづく現状把握や、現状分析を通じた**現状見える化**
⑤ 発見した問題を解決するための方向性を示す大課題の設定
⑥ **ロジックツリー**による大課題に取り組むための実行施策の展開
⑦ 実行施策から改善活動を展開するための**なぜなぜ展開**
⑧ 特性要因図による改善対象の明確化
⑨ 改善対象に対する対策の立案と実施を通じた改善効果の把握
⑩ **SRストーリー**による節目のレビューにもとづいた継続的改善の実施

このなかでも太字で強調した項目が、特に重要なキーポイントです。これらのキーポイントのなかから特に問題解決活動の成功に欠くことができない要素を見極めていくと、

- 問題解決フレームワーク
- 現状見える化
- ロジックツリー
- なぜなぜ展開
- SRストーリー

といった5つの要素を適確かつ確実に踏まえておくことが、問題解決活動を実践する際の必要不可欠な勘所であることがわかります。これらが問題解決に関する実践の勘所なのです。言い方を変えれば、この実践の勘所としての5つの要素を適確かつ確実に踏まえているか否かを見れば、問題解決活動としての正しいプロセスにもとづいて実践されているか否かが、大筋で判断できるのです。自分として問題解決活動に取り組む際に、また部下やその他の人たちが取り組んだ問題解決活動の是非を判断する際に、この実践の勘所としての5つの要素の出来栄えが頭の中で常に意識することが重要です。

◆問題解決活動の良し悪しを判断する

では、この5つの要素の出来栄えの良し悪しはどのように判断したらよ

いのでしょうか。この判断は、客観的に、また一義的に〇や×が付けられるような単純なものではなく、内容を見極めながら半ば主観的かつ定性的に行わなければなりません。このため、判断する人の見識によって判断が大きく左右される傾向にあり、良いことが悪く、悪いことが良く、といったように誤った判断が下されてしまう場合があります。このことが、問題解決活動の実践経験が乏しい方々が、「他の人たちが取り組んできた問題解決活動の出来栄えの良し悪しを適確に判断できるはずがない」という論拠になっているのです。

　しかし、問題解決活動の経験が乏しくても、問題解決活動の出来栄えの良し悪しをそれなりに判断できる方法があります。それは、この５つの要素の各々から認識できる内容が、お互いにどの程度まで整合性をもって関連しているのかを確認する方法です。問題解決活動が良い進め方で実践されていれば、実践の勘所としての５つの要素に関する内容の各々に、自ずと関連性が見られるようになります。ところが、問題解決活動が間違った進め方で実践されていると、５つの要素に関する内容の各々に欠落感や唐突感が目立つようになって、お互いに関連性が乏しいものになってくるのです。この程度の方法なら、表現されている内容自体があまりよく理解できていなくても、表現されている内容自体を半ば機械的に比較して相互の内容的関連性を確認すればよいので、問題解決活動の経験が乏しくても比較的容易に出来栄えの良し悪しを判断できると思います。実践の勘所としての５つの要素に関する内容の整合性が高ければ高いほど、問題解決活動が一貫して良い進め方で実践されていると評価できる可能性が高いのです。

　また、５つの要素に表現されている内容の充実度という視点も大切です。問題解決活動がきちんと実践されていなければ、実践の勘所としての５つの要素の内容が充実した内容には決してなりえないのです。したがって、この５つの要素に表現されている内容が陳腐でなく綿密で木目が細かくなっているほど、問題解決活動が一貫して良い進め方で実践されていると評価できる可能性が高まります。

　しかし、これはあくまでも便宜的な方法です。本来望むべき姿は、問題

解決活動の実践経験をきちんと積んできた方々が自らの実践経験にもとづいて、自らもしくは他の人たちが取り組んだ問題解決活動の出来栄えの良し悪しを、きちんと判断できるようになることです。他の人たちが取り組んできたことの欠点を指摘することは能力が低い人にでも比較的容易に行えますが、その欠点を克服するための指導は能力が高い人でなければ行えません。問題解決活動に取り組む人たちには、指摘するだけでなく指導できるレベルにまでその能力を高めていくことが求められるので、実践経験の地道な積み重ねが欠かせないのです。

　さまざまな場で問題解決活動に関する報告を見聞きすることや、ともすると活動報告の評価を求められるような機会に遭遇することがあるかと思います。もしくは、自分が取り組んだ問題解決活動の内容を、上司やお偉方に報告しなければならないようなことがあるかと思います。このようなときに、問題解決活動に関する良し悪しを自らきちんと判断することができる評価基準をもっていると、何かと心強いものです。日常業務のなかで大凡の判断をする場合であるなら、先に述べた実践の勘所である５つの要素に関する整合性や充実度を確認する程度の判断で事足りるでしょうが、きちんとした判断を行うとなると、それなりの評価基準をもっていなければなりません。

　しかも、そのような評価基準が必要とされる機会は、報告書を読みながら時間をかけてじっくり評価するという場面よりも、説明を聞きながら報告書にはサラッと目をとおす程度で、しかも時間をかけずにその場で評価しなければならない場面のほうが現実的には多いのです。したがって、あまりに緻密で複雑な内容の評価基準では、実際にはあまり役立たないのです。このようなことから、問題解決活動に関する説明を聞きながらという状況においても役立つ、簡便でありながら適確に出来栄えの良し悪しが判断できる評価基準が必要です。

　この評価基準は図表3.16に示すように５つの要素から構成されています。このなかの第一番目の要素は、現状がデータでよく見える化されているかです。問題解決活動では、さまざまな情報が目に見える形で関係者の間で

第3章　問題解決活動の進め方と勘所

図表3.16　問題解決活動報告の見方と聞き方

- ①現状がデータでよく見える化されているか
  - データにもとづいているか
  - 三現主義に徹しているか
- ②なぜなぜを繰り返して真の問題を見出しているか
  - 要因を漏れなく抽出しているか
  - 要因と結果の因果関係は適切か
  - 仮説をデータで検証しているか
- ③ストーリーが論理的で全容が理解しやすくなっているか
  - 問題解決フレームワークにもとづいているか
  - 取り組むべきこと、ロジックツリー、取組み施策は明確か
  - SRストーリーが展開されているか
- ④報告資料は適切な表現方法を活用して見やすくなっているか
  - 使用しているグラフは意図に沿っているか
  - グラフは訴求力があって論点が読み取れるか
- ⑤報告者のプレゼンは聞き入れやすい話し方になっているか
  - 自信をもってかつ聞き手にわかってもらう態度で話していたか
  - 聞き取りやすくかつわかりやすい言葉遣いをしていたか

共有できる状態になっていることが、何よりも大切です。この要素が実践できているか否かを評価するためには、データにもとづいているか、三現主義に徹しているか、という観点で確認します。いわゆる、現場・現物・現実の視点で事実を捉えているかです。

　第二番目の要素は、なぜなぜを繰り返して真の問題を見出しているかです。問題解決活動では、論理的に展開した因果関係に関する仮説の正しさを事実で検証するという科学的思考が基軸となった取組みを丹念に行うことが大切です。この要素が実践できているか否かを評価するためには、要

因を漏れなく抽出しているか、要因と結果の因果関係は適切か、仮説をデータで検証しているかという観点で確認します。いわゆる、演繹的に論理展開した仮説を事実ベースで帰納的に検証していくというプロセスです。

　第三番目の要素は、ストーリーが論理的で全容が理解しやすくなっているかです。問題解決活動では、正しいやり方で最適解を得るという問題解決プロセスに則った取組みをきちんと実践した結果として答えを得ることが大切です。この要素が実践できているか否かを評価するためには、問題解決フレームワークにもとづいているか、取り組むべきこと、ロジックツリー、取組み施策は明確か、SRストーリーが展開されているかという観点で確認すればよいのです。いわゆる、やるべきことがきちんとなされているのか否かを確認するのですが、ここで特に留意すべきことは、「得られた成果と取り組んだ内容」ということです。

　問題解決活動は、「あるべき姿」の実現へ向けて「現状」を変えることを狙いとして行う取組みなので、どのような成果が得られたのかという視点で出来栄えの良し悪しが評価されるのは当然のことです。長い時間に多大な工数を費やしたにもかかわらず、この程度の成果しか得られませんでしたでは決して済まされません。一方で、とても素晴らしい成果が得られたような場合には、きっと良い取組みがなされたのだろうと、結果オーライ的な暗黙の評価がすべてにわたってなされてしまうことがあります。しかし、たまたま取り組んだ題材に恵まれ、運が良かったから素晴らしい成果が得られただけで、褒められるような取組みがほとんどなされていなかったとしたら、これは評価する側にとっても、評価される側にとっても大きな問題です。

　ここで考えなければならないことは、問題解決活動に関する出来栄えは単に成果だけではなく、取組みと成果を対比して評価しなればならないということなのです。すなわち、正しい取組みが行われたから素晴らしい成果が得られたという構図が見られるか否かがポイントです。正しい取組みが行われたのか否かは、問題解決フレームワーク、ロジックツリー、SRストーリーに記載されている内容を確認します。これらに記載されている

内容に一貫性があって、「あるべき姿」の実現へ向けて「現状」が着実に変化してきているという大きな流れが見られるか否かを確認するのです。もしも、これらの内容がきちんと記載されていなかったとしたら、しっかりと指導してきちんとした内容になるまで書かせるようにしなければなりません。このことが、問題解決活動に取り組んだという実績を単なる経験の一つとして終わらせずに、取り組んだ人たちの頭の中に整理された知恵として定着させるために大いに役立つのです。

　第四番目の要素は、報告資料では適切な表現方法を活用しているかです。問題解決活動では、取組みを始める時点で、取組みの途中の時点で、取組みが終わった時点で、関係者の巻き込みを図ったり、関係者と状況や成果を共有したりということを適宜行うことが大切です。この要素が実践できているか否かを評価するためには、使用しているグラフは意図に沿っているか、グラフは訴求力があって論点を読み取れるかという観点で確認します。いわゆる、見える化がきちんとなされているか否かを確認するのですが、ここで特に留意すべき点は、「表現力と訴求力」です。

　問題解決活動においては、レビューなどの節目において活動内容を都度整理したり、必要に応じて関係者へ報告することを目的としてさまざまな資料を作成する機会がありますが、これらの資料に求められることは思考の生産性が高いということです。

　労働の生産性とはどれだけ体がよく動くのか、思考の生産性とはどれだけ頭がよく回転するのかということを、各々確認するための指標となるものです。ところが、思考の生産性は、労働の生産性と違って具体的な動きとして外見から確認できないことから、日常的にほとんど意識されることがありません。思考の生産性が高い資料とはわかりやすい資料のことで、思考の生産性が低い資料とはわかりにくい資料のことです。

　問題解決活動を通じて作成される資料は、関係者に伝えたいことが素早くかつ正確に伝えられるような思考の生産性が高い内容になっていないと、誤った活動に誘導することになってしまいます。思考の生産性が高い資料を作成するためには、色使いやアニメーションを駆使して見た目を良くす

るという表現力だけではなく、これまで潜在していて見えなかった実態に関する要所を、事実にもとづいてわかりやすくかつ適確に見える化するという訴求力が求められるのです。資料の訴求力の源泉となるものはグラフです。作成したグラフをとおして、実態に関する要所が論点として適確に指摘できているか否かが重要なことであり、これが資料の訴求力となるのです。そして、資料の訴求力は関係者への情報の伝わり方に大きな影響を与えることから、活動全体の進捗スピードに大いに寄与する重要な視点なのです。

　第五番目の要素は、報告者のプレゼンは聞き入れやすい話し方になっているかです。問題解決活動では、作成した資料を関係者に単に説明するだけではなく、説明することをとおして関係者から合意を得たり巻き込みを図っていくことが大切です。この要素が実践できているか否かを評価するためには、自信をもってかつ聞き手にわかってもらう態度で話していたか、聞き取りやすくかつわかりやすい言葉遣いをしていたかという観点で確認します。いわゆる、関係者を動かすために伝えたいことがきちんと伝えられていたのか否かを確認するのですが、ここで特に留意すべきことは、「話し方と思い」です。

　話し方が下手で、眠気に耐えるのが精一杯で終了時間が待ち遠しいというプレゼンや、流暢な話し方でとても上手に説明されていたのに、終わった後で何一つとして心に響くものがないというプレゼンを聞いたことがあると思います。話し方が下手なのは論外ですが、決して話し方が下手ではないのに心に響かないのはなぜなのでしょうか。

　プレゼンを行う際に、
- プレゼンを聞く人たちの、素性、立場、プレゼンを聞く視点を知ること
- 資料の各ページにつながりをもたせながら説明すること
- 自信・確信・熱意をもってプレゼンすること
- 決められた持ち時間内にプレゼンを完了すること

などに留意しなければなりません（図表3.17）。聞いた人たちの心に響く

第 3 章　問題解決活動の進め方と勘所

図表 3.17　問題解決活動報告をプレゼンするときのポイント

① プレゼンを聞く方々の、素性、立場、プレゼンを聞く視点を知ること
- 聞き手はプレゼンの内容に対してどの程度精通し、どの程度興味をもっているのか？
- プレゼンされた提案のYES/NOを判断するのは誰で、どのような価値観をもっているのか？
- プレゼンされた提案はどのような影響や効果があり、今まで実行されなかったのはなぜなのか？

② 資料の各ページにつながりをもたせながら説明すること
- 各ページを説明した後で、「だから何なの？」と疑問をもたれるようなことはないか？
- 各ページの説明の最後で、次ページに移行するための前振りの説明がなされているか？

③ 自信・確信・熱意をもってプレゼンすること
- プレゼンの目的を常に意識し、資料の内容に十分精通したうえで説明しているか？
- 聞き手をよく理解し、自分自身の癖や特徴を熟知したうえで説明しているか？
- 納得してもらうために聞き手を引き込む熱意をもって、自分の話に確信をもって説明しているか？

④ 決められた持ち時間内にプレゼンを完了すること
- 結論を冒頭に提示して、その後いつプレゼンを打ち切っても良いように話を構成しているか？

106

プレゼンを行うには、特に、自信・確信・熱意をもってプレゼンをすることが重要になってくるのです。このためには、プレゼンする内容を熟知したうえで、聞き手を引き込む熱意と確信をもった話し方をすることが必要なのです。プレゼンを行う際には、プレゼン資料や台本から目を離さずに、聞き手のほうに目線をほとんど向けることなしに、半ば棒読み状態で淡々とした口調で説明をしていては、聞き手の心に響くわけがありません。また、聞き手のほうに目線を向けて流暢に説明していたとしても、熱意と確信をもって聞き手をグイグイ引き込んでいくような迫力ある姿勢が見られなければ、やはり聞き手の心に響くわけがありません。迫力ある姿勢でプレゼンをするためには、自分自身のなかにある熱意や確信が高まるまで、聞き手に伝えてあげようという思いを込めて何度も何度もプレゼン資料をつくり直すのです。こうすることで、思いがプレゼン資料に徐々に表現できるようになってくるとともに、その内容が頭の中にしっかりと定着してくるので、プレゼン資料を見なくても熱意と確信をもって説明できるようになります。プレゼンが上手ではない方々には、得てしてこのような努力が欠けているのです。このような努力を通じて思いが表面に出せるようになってくると、たとえ話し方が下手であったとしても、聞き手の心に響くプレゼンを行うことができるようになります。

◆まとめ

　ここまで、問題解決活動の勘所と、その勘所にもとづいた評価基準と活動報告の評価方法について説明してきました。問題解決活動に関する報告書を単に見るだけではなく、きちんとした評価基準をもとにして出来栄えの良し悪しを判断していく経験を数多くこなしていくことで、実践の勘所を頭の中に刷り込んでいくことができます。さらに、自ら進んで問題解決活動に取り組んでいくことで、頭の中に刷り込まれた勘所という知識が実践をとおして培われた知恵に変換され、名実ともに問題解決力という能力として思う存分活用することができるようになります。このような人は数多く存在していないことから、存在価値がある"人財"であるといっても

過言ではありません。

3.4 問題解決活動の効果

問題解決活動の実践に伴う効果を把握することは決して容易なことではありませんが、節目のレビューで出来栄えの良し悪しを事実にもとづいて評価するための要素として、必要不可欠な取組みです。節目でのレビューにおいて実施しなければならないことは、問題解決活動を実践したことによって、

- 「あるべき姿」に対して「現状」がどこまで変化してきたのかという実績面
- 「現状」が変化してきたことで何がどこまで良くなったのかという効果面

という2つの側面からの検討です。実績面からの検討は、取り組んできたことや成果として変化した内容が目に見えるため、比較的容易に実施することができます。ところが、実績面からの検討とは違って効果面からの検討においては、効果自体が容易に目に見えないため、どこにどのような効果が出てきているという事実を把握することから始めなくてはなりません。一口で効果を把握するとはいっても、

- **問題解決スキルの向上度**：問題解決スキルがどのように向上しているのか
- **現場実務での実践度**：現場の実務でどの程度まで実践されているのか
- **人材育成への寄与度**：業務で成果を出せる人財を育成できているのか
- **組織成果の向上度**：組織としてどのような成果が出てきているのか
- **会社業績への貢献度**：会社の業績向上にどのように寄与しているのか

といったように下位視点から上位視点に至るまでさまざまな視点が考えら

れます。下位視点の効果を把握することは容易ですが、効果として語る価値は低くなってしまいます。一方で、上位視点の効果は効果として語る価値は高いのですが、把握すること自体が困難なだけでなく、効果が出るまでに比較的長い時間を要し、事実上把握できない状態に陥ることがあります。

例えば、問題解決スキルの向上度は、下位視点であることから比較的簡単に把握することができます。ところが、問題解決スキルが向上したことを効果として提示したとしても、「それが何なの？」といったように、半ば冷たい反応が返ってくる程度の価値しかもっていません。しかし、通常はこの程度の効果検討で満足してしまっていることが多いのです。一方で、会社業績への貢献度は、上位視点であることから、たしかに価値としてはとても高いのですが、そう簡単には把握できるようなものではありません。そのため、「どのような効果が出てきているのか？」などと聞かれても、そう簡単には効果を提示できるような状態にはなりません。

このように、問題解決活動の実践に伴う効果を誰もが満足するような内容で把握することは難しいことです。このため、取り組んできたことに関する出来栄えの良し悪しを事実として確認するためには、知恵を絞って何とか把握するように努力しなければなりません。このようなことから、効果を把握するということは、問題解決活動の勘所の一つであるといっても過言ではあません。

ここで、問題解決活動の実践に伴う効果を中位から上位のレベルで確認した事例を2件紹介します。

◆事例1：問題解決スキルとコンピテンシー

まずは1件目の事例ですが、コンピテンシーという概念をご存知でしょうか。コンピテンシーとは、業務で成果を出すためのパフォーマンスが高い人たちに見られる行動特性のことで、実際に測定することが可能なものです。そして、コンピテンシーの測定値が高いレベルにあるほど、成果に結び付く良い仕事ができる状態にあると評価することができます。問題解

決スキルも測定可能であることから、もしもコンピテンシーと問題解決スキルの両測定値の間に正の相関関係が存在していることが確認できれば、この相関関係をとおして、問題解決スキルは成果に結び付く良い仕事ができる人財の育成に寄与しているか否かが評価できそうです。

そこで、問題解決スキルとコンピテンシーとの間の相関関係を分析したところ、問題解決スキルと比較的高いレベルで正の相関が見られるコンピテンシーとして、

- ツール活用力関連では
  ⇒科学的手法活用力、QCストーリー活用力、FMEA／FTA活用力
- 特許力関連では
  ⇒特許発明力
- 業務遂行力関連では
  ⇒信頼性設計力、システム仕様設計力、低コスト設計力、レイアウト設計力

というコンピテンシーが検出されました(図表3.18)。これらのコンピテン

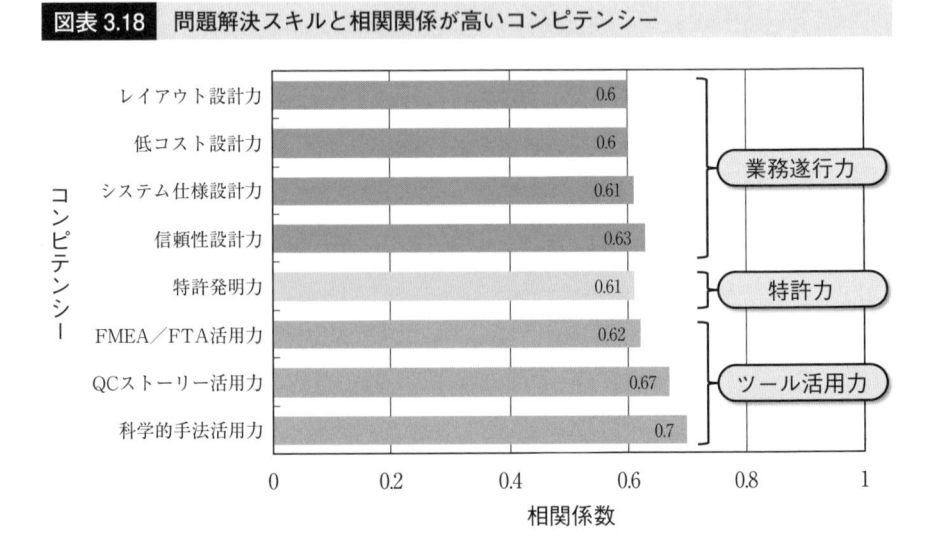

図表3.18 問題解決スキルと相関関係が高いコンピテンシー

コンピテンシー	相関係数	分類
レイアウト設計力	0.6	業務遂行力
低コスト設計力	0.6	業務遂行力
システム仕様設計力	0.61	業務遂行力
信頼性設計力	0.63	業務遂行力
特許発明力	0.61	特許力
FMEA／FTA活用力	0.62	ツール活用力
QCストーリー活用力	0.67	ツール活用力
科学的手法活用力	0.7	ツール活用力

シーは、問題そのものに対応したり、全体的視点で取り組むという類であることから問題解決スキルに関係していると考えられます。すなわち、問題解決スキルは、このような類のコンピテンシーとの間で比較的高い正の相関関係をもっていることがわかったのです。さらに、これらのコンピテンシーと問題解決スキルの両者の近年のトレンドが、問題解決教育を踏まえた問題解決活動を本格展開し始めた時点から徐々に向上してきているということが確認できたのです。このようにして、問題解決活動の実践に伴う効果が、中位レベルに位置している人材育成への寄与度に及んでいることが確認できるようになりました。

◆事例2：問題解決スキルの向上効果

次の事例は、さらに上位レベルの組織成果の向上度にまで及んでいたことを確認することができた事例です。筆者が長年にわたって取り組んできた技術系新入社員に対する新人研修では、問題解決力を徹底的に身につけさせることを狙いとした教育プログラムを展開しています。この新人研修では、経済産業省が提唱している社会人基礎力をベースにして、問題解決スキルを基軸にした32項目の評価要素で構成したスキル診断基準を設定することで、新人全員に関する問題解決力の向上度を研修期間中の毎週末に測定しています。ちなみに、経済産業省が提唱している社会人基礎力とは、組織や地域社会のなかで多様な人たちとともに仕事を行っていくうえで必要となる基礎的な能力のことで、

- 考え抜く力（シンキング）
- チームで働く力（チームワーク）
- 前に踏み出す力（アクション）

という3つの力で成り立っていて、グループで実習をとおして身につける必要があるとされているものです。新人研修は基本的にチーム活動を主体にして運営する形態をとっているため、各新入社員はいずれかのチームに所属することになります。このため、社会人基礎力は個人としてだけではなく、チームメンバー全員の平均値を計算することでチームとしても把握

できるようになっています。

　新人研修期間中には、ものづくり競技会、事例発表会、結果報告会などのさまざまなイベントが企画されていて、これらのイベントを通じてチーム力を競い合うとともに、競い合った成果を各チームの組織力として評価するようにしています。この結果、問題解決力に関して、スキルとしての社会人基礎力と効果としての組織力が、新人研修期間中に随時把握できるようになっています。そして、この社会人基礎力と組織力との間の関係性を分析したところ、

- 社会人基礎力が高いチームは組織力が高い
- 社会人基礎力のなかのグループワーク関連スキルが組織力に影響を与えている

ということが判明しました。このようにして、問題解決活動の実践に伴う効果が、比較的上位レベルに位置している組織成果の向上度に及んでいることが確認できるようになったのです(**図表 3.19**)。

　また、社会人基礎力の評価要素全 32 項目の推移を全新入社員の平均値で確認することで、研修の出来栄えの良し悪しが評価できるようになり、低いレベルの評価要素に対して教育プログラムの変更などの改善を加える、といったことができるようにもなります。

　これまで効果ということについて、問題解決活動の実践に伴う効果という表現で説明してきましたが、この「問題解決の実践に伴う」という回りくどい表現を、あえて付け加えてきたことについて説明します。この手の効果を確認する場合、通常なら、問題解決教育の効果とか、問題解決スキル向上の効果とか、このような視点で効果を捉えることが素直な考え方かもしれません。しかし、このような視点で効果を考えてしまうと、出てくるものは、

- **教育実績**：実施研修数や受講者人数といった努力に関する結果
- **アンケート結果**：満足度や理解度といった受講者の感想に関する結果

3.4 問題解決活動の効果

図表 3.19　社会人基礎力で見た問題解決スキルの向上効果

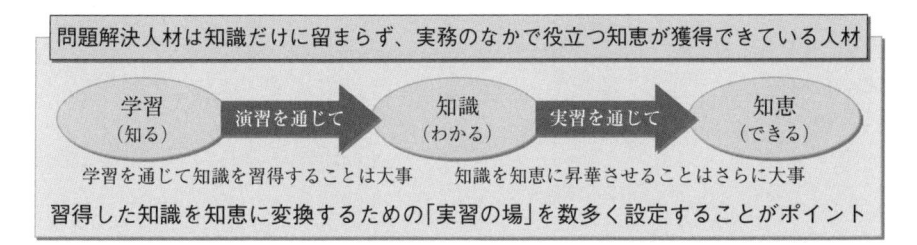

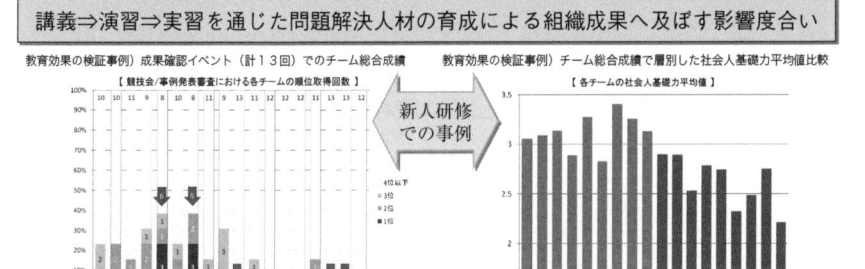

問題解決人材は知識だけに留まらず、実務のなかで役立つ知恵が獲得できている人材

学習（知る）　⇒演習を通じて⇒　知識（わかる）　⇒実習を通じて⇒　知恵（できる）

学習を通じて知識を習得することは大事　　知識を知恵に昇華させることはさらに大事

習得した知識を知恵に変換するための「実習の場」を数多く設定することがポイント

講義⇒演習⇒実習を通じた問題解決人材の育成による組織成果へ及ぼす影響度合い

教育効果の検証事例）成果確認イベント（計13回）でのチーム総合成績　　教育効果の検証事例）チーム総合成績で層別した社会人基礎力平均値比較

〔競技会/事例発表審査における各チームの順位取得回数〕　　〔各チームの社会人基礎力平均値〕

新人研修での事例

良い子（総合成績上位9チーム）　　悪い子（総合成績下位9チーム）
1位から3位の総回数：31回　　　1位から3位の総回数：8回

総合成績上位9チームは、下位9チームと比べて、1位〜3位の総回数が約4倍である

良い子（総合成績上位9チーム）　悪い子（総合成績下位9チーム）
社会人基礎力平均値：3.10　　　社会人基礎力平均値：2.68

総合成績上位9チームは、下位9チームと比べて、社会人基礎力が約1.2倍である

- **教育内容実践度**：利用度や展開度といった教育後の活用に関する結果
- **スキルレベル**：所定の評価基準に則った受講者の能力に関する結果

などが一般的です。そして、このような視点で捉えられた結果が効果として提示されるのですが、ここで考えなければならないことがあります。それは、「それで現場がどのように変わったのか？」ということです。努力の度合い、感想の度合い、活用の度合い、能力の度合いといったような類では、その答えになってはいないのです。

このような問いに答えるためには、現場の意識、現場のやり方、現場の力、現場のアウトプットなど、現場の雰囲気や仕事への取組み自体が変化してきていることを、見える化しなければなりません。このような視点で効果を捉えることを意識するために、これまで「問題解決の実践に伴う」という回りくどい表現を、あえて付け加えてきたのです。

第4章
問題解決活動の勘所の鍛え方

　本章では、前章で指摘した問題解決活動に関する5つの勘所について、それらを現場実務のなかで活用するためのポイントや鍛え方について説明します。ただし、説明の進め方の関係で、これから説明する内容のなかには既に説明された内容と重複する部分がありますが、学んできたことのおさらいとお考えください。

　説明に入る前に、問題解決活動に関する5つの勘所の各々の位置づけについて、改めて確認しておきます(図表4.1)。

　問題解決活動を実践するには問題解決力が必要不可欠です。そして、問題解決力とは、問題解決スキルを駆使して、問題解決プロセスにもとづいた問題解決行動を、日常業務のなかで実践するための総合実務能力である、とこれまで説明してきました。さらに、問題解決スキルを総合実務能力として実務で展開するためには、問題解決実践力が必要であることも説明してきました。そして、問題解決においては問題解決行動が問題解決スキルと問題解決実践力を活用するための駆動エンジン的存在になっていて、その駆動エンジンを機能させる源泉となるものが5つの勘所なのです。問題解決行動は、問題解決フレームワーク→ロジックツリー→SRストーリーという流れを基軸にして進捗させていくのですが、問題解決フレームワーク→ロジックツリーの進捗においては「現状見える化」が、ロジックツ

第 4 章　問題解決活動の勘所の鍛え方

図表 4.1　問題解決活動に関する 5 つの勘所の位置づけ

```
                        解決すべき問題
   ◀問題解決力▶                        ◀問題解決実践力▶
                        問題解決行動
   問                問題解決フレームワーク                実
   題                  （問題の発見）                    務
   解                        現状見える化                展
   決                         （事実の確認）              開
   ス                 ロジックツリー                     力
   キ                  （課題の設定）
   ル                        なぜなぜ展開
                             （原因の追究）
                     SRストーリー
                      （継続的改善）    この 5 つの勘所を
                                     グループワークで実践

                       「あるべき姿」の実現
```

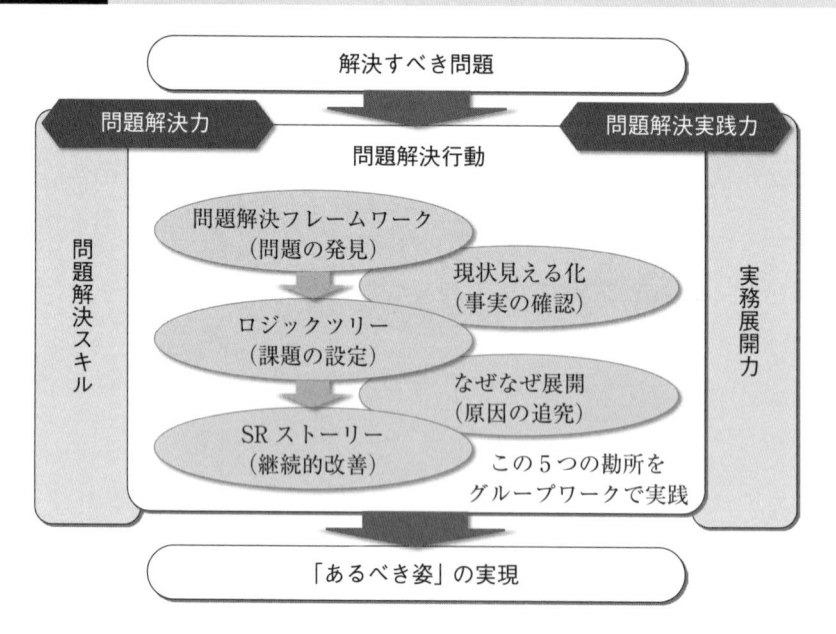

リー → SR ストーリーの進捗においては「なぜなぜ展開」が、各々大きな役割を担っています(**図表 4.1**)。5 つの勘所の各々は、このような位置づけにおいてお互いに関連し合いながら、問題解決行動を形づくっているのです。

　問題解決活動を良い進め方で展開するためには、この 5 つの勘所の他にもポイントとなる要所が数多く存在しますが、この 5 つの勘所をきちんと押さえていれば、他の要所も自ずときちんと押さえられるようになります。したがって、この 5 つの勘所を鍛え上げることが、何よりも大切なのです。

4.1　問題解決フレームワークの活用

　問題解決フレームワークは、問題解決の全体構造を俯瞰しつつ整理するために活用するもので、整理問題解決活動の勘所のなかでも最も重要なものといえます。問題解決フレームワークを上手く作成できるようになると、

何が問題であるのか、その問題を解決するために何を行えば良いのかなど、これまでに自分が考えてきたイメージや抱いてきた思いが、一目瞭然でわかりやすく表現できるようになります。しかも、たった一枚の紙の上に表現できるのです。問題解決フレームワークが上手く作成できると、自分のこれからの問題解決活動における心強い羅針盤になるだけでなく、問題解決活動にかかわるさまざまな関係者から理解や協力を得るための強力な道具になります。

このような問題解決活動フレームワークを上手く作成するには、次のことが必要です。

- 問題解決フレームワークにもとづく思考プロセスをよく理解すること
- 考えたことを問題解決フレームワークに表現するための書き方に慣れること

問題解決フレームワークは「あるべき姿」と「現状」と「問題」の3要素で構成されています（**図表4.2**）。問題解決活動フレームワークを上手く作成するということは、これらの3要素に表現されている内容を、全体的にバランスがとれて整合している形にするということなのです。算数の考え方でいえば、問題解決活動フレームワークの3要素の内容から、

（あるべき姿）－（現状）＝（問題）

という関係が一目瞭然で理解できるようになっているか、ということなのです。しかし、いざ問題解決フレームワークを作成しようとしても、この3要素のなかのどの要素から検討を始めたらよいのか迷うことがあります。このような場合には、解決したいと思っている問題がどのような類の問題であるのかを考えるとよいでしょう。

◆問題を時系列に分類

問題を時系列的な観点から分類すると、

- **過去の問題**：過去に終わった仕事を通じて既に顕在化している問題
- **現在の問題**：現在実施中の仕事を通じて徐々に顕在化しつつある問

第4章　問題解決活動の勘所の鍛え方

図表4.2　問題解決フレームワークの書式例

あるべき姿(問題が解消できた後のイメージ)	問題(あるべき姿と現状のギャップ)
【①題材に関するあるべき姿を想像する】	【③ギャップの内容や派生する問題を明確化する】
	現状(あるべき姿への現時点での到達レベル)
	【②あるべき姿に対する現状レベルを把握する】

課題	【④現状をあるべき姿へ変革するために今後取り組むべきことを設定する】

題
- **将来の問題**：将来実施する仕事で予測される未だ顕在化していない問題

というように、3つに分類することができます(図表4.3)。この3種類の問題について、商品開発に関する業務を例にしてわかりやすく説明します。

まず、過去の問題に関する典型的な例は、商品を市場に投入した段階で設計不良が原因となって発生した市場トラブルです。市場に投入した商品がトラブルを発生させる頃には、原因である設計不良という問題を発生させた商品設計業務は、既に完了していて過去の仕事となっています。このように市場トラブルは、過去の仕事となってしまっている商品設計業務の悪さが原因となって発生した問題であることから、過去の問題といえます。現在の問題に関する典型的な例は、設計不良が原因となって発生したトラブルの中でも、試作品テストの段階で発生したトラブルです。試作品テス

4.1 問題解決フレームワークの活用

図表 4.3 過去・現在・将来の問題

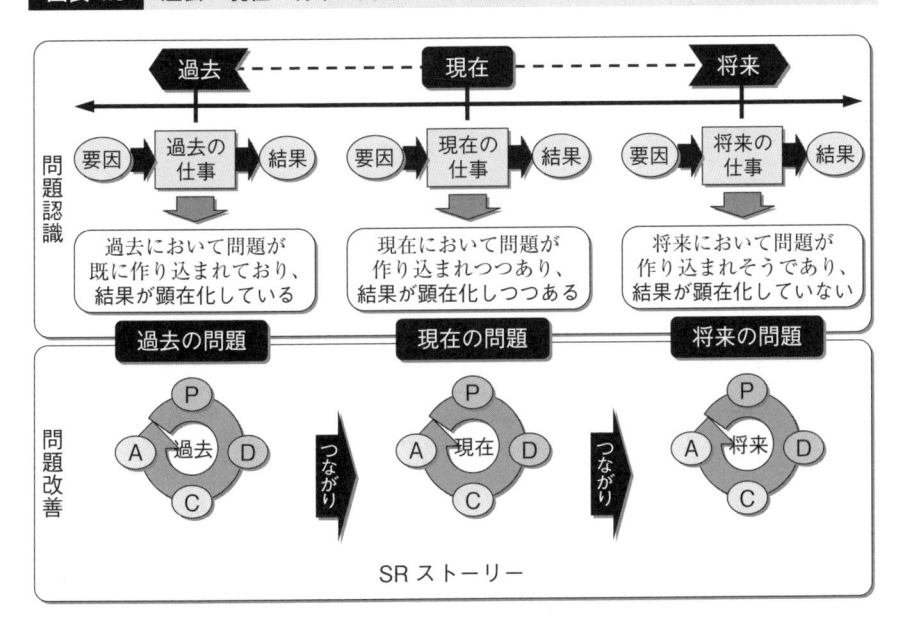

	過去	現在	将来
問題認識	要因→過去の仕事→結果 過去において問題が既に作り込まれており、結果が顕在化している	要因→現在の仕事→結果 現在において問題が作り込まれつつあり、結果が顕在化しつつある	要因→将来の仕事→結果 将来において問題が作り込まれそうであり、結果が顕在化していない
問題改善	過去の問題 PDCA（過去）	つながり→現在の問題 PDCA（現在）	つながり→将来の問題 PDCA（将来）

SR ストーリー

トは、商品設計業務の一環として実施される行為です。よって、試作品テストのトラブルは、今まさに実施中の商品設計業務の悪さが原因となって発生した問題であることから、現在の問題といえます。将来の問題に関する典型的な例は、これから新規に開発しようとしている商品企画の段階で予測されるトラブルです。商品企画の段階では、未だ商品設計業務が始まっていません。よって、商品企画で予測されるトラブルは、これから始まる商品設計業務の悪さを原因として予測される問題であることから、将来の問題といえます。

このように3つに分類された問題に関する特徴を踏まえたうえで、これらの問題に関して問題解決フレームワークの3要素を検討する際の順序を考えると、

- **過去の問題**：「問題」→「現状」→「あるべき姿」の順で検討する
- **現在の問題**：「現状」→「問題」→「あるべき姿」の順で検討する
- **将来の問題**：「あるべき姿」→「現状」→「問題」の順で検討する

という進め方にすることで、比較的検討しやすくなるでしょう。

◆環境与件の検討

さらに、問題解決フレームワークの「あるべき姿」を検討する際には、5項目で構成された環境与件を先立って検討しておくことが必要です（図表4.4）。環境与件の5項目とは、

- **将来の夢**：自分や組織として是非実現したいこと
- **環境変化**：取り巻く環境から導き出せる懸案事項
- **原理・原則**：自分や仕事にとってなくてはならない成功要因
- **顧客満足**：お客様の価値観やニーズ
- **効果・効率**：自分の仕事に関する卓越した他社事例

という観点から、日常活動のなかで常に意識しておかなければならないものばかりです。さらに、これはただ単に意識するだけではなく、想像力を

図表4.4　環境与件の記入ガイド

将来の夢 （ビジョン）	自分もしくは組織として、是非実現したいと認識していることを明確化する
環境変化 （リスクアセスメント）	取り巻く環境において、現在もしくは将来へ向けた懸案事項を明確化する
原理・原則 （KFS）	自分の仕事もしくは人生において、なくてはならない成功要因を明確化する
顧客満足 （CS）	自分のアウトプットを待ち受ける人たちの価値観もしくはニーズを明確化する
効果・効率 （ベンチマーク）	自分が取り組んでいる業務プロセスに関する卓越した他社事例を明確化する

いかんなく発揮して、個々の内容をなすべきことの想像につなげていくことが求められるのです。

自分には想像力がないと嘆く方々がいますが、想像力は特別な人に備わる天賦の才能ではなく、努力によって誰でも身につけることができるスキルの一つです。想像力を鍛えるためには、
- ステップ1：必要な情報をとにかく数多く集めて頭の中に叩き込む
- ステップ2：頭の中に叩き込んだ情報を題材にしてとことん考える
- ステップ3：頭の中に無意識下でも動作する思考回路を形成する
- ステップ4：時々リラックスして発想が閃いてくることを誘発する
- ステップ5：もし閃いた発想が不十分であったらステップ1に戻る

という各ステップを繰り返すことが必要であり、この各ステップの徹底度合いが想像力の高低につながるのです。なかでも、ステップ3の段階に至るか否かが特に重要で、このためには、事前のステップ2の段階でどこまで頭をいじめるかがポイントになります。人類にとって偉大な発見をしたアルキメデスやニュートンも、このようなステップを通じて発想を得ることができたといわれています。

このように、問題の内容を踏まえた時系列的分類、環境与件を意識したなすべきことの想像といった事前準備を踏まえたうえで、いよいよ問題解決フレームワークそのものの検討に取り組んでいくのです。問題解決フレームワークの3要素に記入する内容は、次のとおりです(**図表4.5**)。

① **あるべき姿**：目指すべきイメージを現状と比較しやすく表現する。
② **現状**：現在の状態を「あるべき姿」と比較しやすく表現する。
③ **問題**：「あるべき姿」と「現状」の差異とその悪さを表現する。

事前準備にきちんと対応することなしに、いきなり問題解決フレームワークを作成しようとしても、上手く作成できません。このような状態であるにもかかわらず仮に強引に作成したとしても、苦労した甲斐もなく、内容に乏しく理解しにくい問題解決フレームワークが出来上がるだけです。理解しにくい問題解決フレームワークは、3要素に表現されている内容が、わかりにくかったり、陳腐であったり、じっくり読み込む必要があったり、

図表 4.5　問題解決フレームワークの記入ガイド

あるべき姿（問題が解消できた後のイメージ）

【①題材に関するあるべき姿を想像する】

①まず初めに行うこと
環境与件を踏まえて自業務を通じてなすべきことや自分自身のあり方などを考え、その全体像が他者に理解できるようにイメージ図主体で具体的に表現する。

問題（あるべき姿と現状のギャップ）

【③ギャップの内容や派生する問題を明確化する】

③続いて行うこと
①に表現されたあるべき姿と②に表現された現状との差分として、現時点において未だ実現できていない領域と、それによって派生している（または派生すると考えられる）悪しき現象を表現する。

現状（あるべき姿への現時点での到達レベル）

【②あるべき姿に対する現状レベルを把握する】

②次に行うこと
①に表現されたあるべき姿に対して、現時点において現場で既に取り組んでいる、もしくは取り組まれつつある領域を、あるべき姿で表現された内容と比較しやすい内容で、事実にもとづいて表現する。

課題

④最後に行うこと
①のあるべき姿の実現へ向けて、③の問題を解消するために、②の現状を変革していくための課題を設定する。

お互いにつながりがなくばらばらであったりといった状態になっているのです。このような問題解決フレームワークを苦労して作成しても、自分として整理がつかないどころか、関係者と共有して理解を得るにはほど遠いものになってしまうので、注意が必要です。そして、「あるべき姿」は先読みし、「現状」は深読みすることが、良い「問題」の発見につながることを強く認識することが必要なのです。

　一方で、たとえ事前準備に入念に取り組んでいたとしても、問題解決フレームワークの3要素の内容がきちんと表現されていないと、やはり理解しにくい問題解決活動フレームワークになってしまいます。この主な問題

は書き方なのですが、問題解決フレームワークの3要素に関して押さえておくべきポイントを踏まえて、簡潔明瞭な表現がなされていなければなりません。これらに表現されている内容の良し悪しを判断するための評価基準を図表 4.6 に示しておきましたので、参考にしてください。

また、現役の学生が作成した問題解決フレームワークの事例を4つ掲載するので、評価基準にもとづいて評価してみてください（図表 4.7 ～ 4.10）。さまざまな事例を題材にして、このような評価に繰り返し取り組むことで、何をどのように表現したら良いのかが頭の中に定着してくるので、是非取り組んでみてください。

ここまで来たら後は個人レベルで、できることから問題解決フレームワークの作成に取り組み始めるだけです。取り組み始めた最初の段階では、頭の中が混乱して何が何だか訳がわからず、中途半端で上手く作成できないと思います。しかし、ここで諦めてはいけません。報告書の作成とともに活動評価を努力しながら地道に取り組んでいくことで、問題解決フレームワークに関する一連の思考プロセスが、次第に頭の中にきちんと形成されてきます。このようになると、驚くほど容易に問題解決フレームワークが作成できるようになり、他の人たちが作成した問題解決フレームワークの欠点がとてもよく見えてきて、役に立たない感想のような批評ではなく、実際に役に立つアドバイスができるようになってきます。この段階は、自動車運転免許取得のための路上運転と同じで、頭で理解していることを実際に実践できるようにするための、欠くことができないとても大切な段階です。問題解決力は知識があれば身につくようなスキルではなく、自動車運転免許のように実践を通じて身につけなければならないスキルであることを、改めて肝に銘じてください。

◆自分のテーマで実践してみよう

問題解決フレームワークの作成に関して、できることから始めるとしたら、

- 新年の抱負の実現

第 4 章　問題解決活動の勘所の鍛え方

図表 4.6 問題解決フレームワークの評価基準

	記載内容の評価ポイント	評価	評価理由
あるべき姿	環境与件の5項目を通じて取り巻く環境が十分に認識できているか（5項目がすべて記載されていなくても、テーマに必要な環境与件が入っているか）		
	目指すべき理想の状態として適正な視野・視点で考えられているか		
	組織もしくは自分の期待役割と整合がとれているか		
	定性的な表現の場合は、プロセスや体系を図や表で示しているか		
	到達目標が定量的で明確になっているか		
現状	あるべき姿に対してどれくらいできているかがわかる表現や指標があるか		
	あるべき姿との相対関係がとれているか		
	定量的なデータや根拠を伴う事実で表現されているか（三現：現場・現物・現実）		
問題	できていないことが明確に示されているか→定性的／定量的に記入		
	これから問題となりそうな潜在的な問題も考えられているか		
	あるべき姿が実現していないことによって派生し悪しき現象が表現されているか		
評価合計	○の数		
	△の数		

124

4.1　問題解決フレームワークの活用

図表 4.7　問題解決フレームワークの作成例①

あるべき姿（問題が解消できた後のイメージ）
- 違反駐輪が0で、災害時には全員が安全に避難することができる

問題（あるべき姿と現状のギャップ）
- 学生の駐輪場に対する要求の調査が行われていない
- 避難経路の設定法が不明であり、駐輪の影響も考慮されていない
- 駐輪場ごとの使用率の偏りの可能性
- 避難時に人が滞留する可能性

現状（あるべき姿への現時点での到達レベル）
1. 場所による駐輪数の偏り
   - 渋滞による混雑
   - 違反駐輪による幅員の減少
2. 通路と駐輪場の混在
   - 駐輪の影響を考慮して避難経路が設定されていない

→
駐輪設備に対する改善策
避難の方法に対する改善策
▲
▲
駐輪と避難に関する現状調査

1. 駐輪設備に対する改善策によって
   - 駐輪場すべてが有効活用されている
   - 駐輪場が学生の需要に沿って設置されている
2. 避難の方法に対する改善策によって
   - 駐輪の影響を考慮した避難経路が設定されている
   - 避難経路の負荷が分散されている

取組み（取組むべきことを明確化する）
要求を踏まえた駐輪設備の改善／駐輪の影響を考慮した避難方法の設定

第4章　問題解決活動の勘所の鍛え方

図表 4.8　問題解決フレームワークの作成例②

あるべき姿（問題が解消できた後のイメージ）

来年2月の覆面調査で85点以上

<個人>
- 商品への豊富な知識
- 周りを巻き込むリーダーシップ
- 接客に対する目的意識を常にもつ
  （何のために？誰のために？）

→ とびきりの笑顔と謙虚かつ自信に満ち溢れた接客
→ お客様からの笑顔 ☺

<お店>
- やりがいを持ちおもてなしの心に溢れている
- 社員とアルバイトが同じモチベーション
  （☆スターバックスコーヒー店のような）

問題（あるべき姿と現状のギャップ）
- 一つひとつの商品に対する知識の少なさ
- 呼び込みや声掛けに対して消極的で実践が十分にできていない
  ⇒自信の無さにつながっている
- 新しく入ってきたアルバイトの子に対する指導が、社員任せで全員でサポートできていない
  ⇒アルバイトの当事者意識が低い
  （モチベーションが維持できていない）

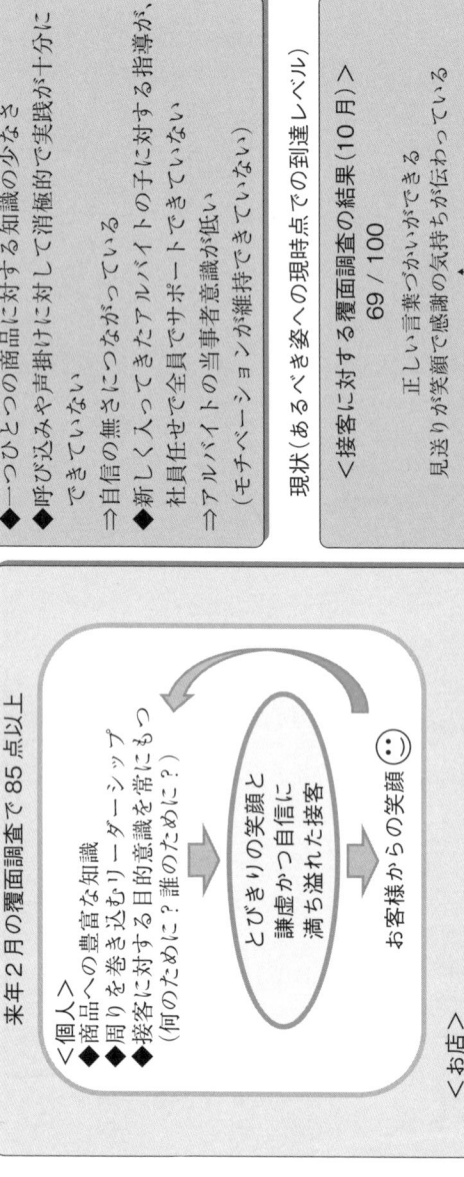

現状（あるべき姿への現時点での到達レベル）

<接客に対する覆面調査の結果（10月）>
69 / 100
↕
- 正しい言葉づかいができる
- 見送りが笑顔で感謝の気持ちが伝わっている
- 近づきやすい動機機ができていない
- 表現力豊かな商品提案ができていない
- 日によって接客の質にばらつきがある

取組み（取り組むべきことを明確化する）

自身の接客をより積極的で親しみやすいものに改善した後、新人の子に影響力を与えられるようなリーダーシップを発揮する

126

4.1 問題解決フレームワークの活用

図表 4.9　問題解決フレームワークの作成例③

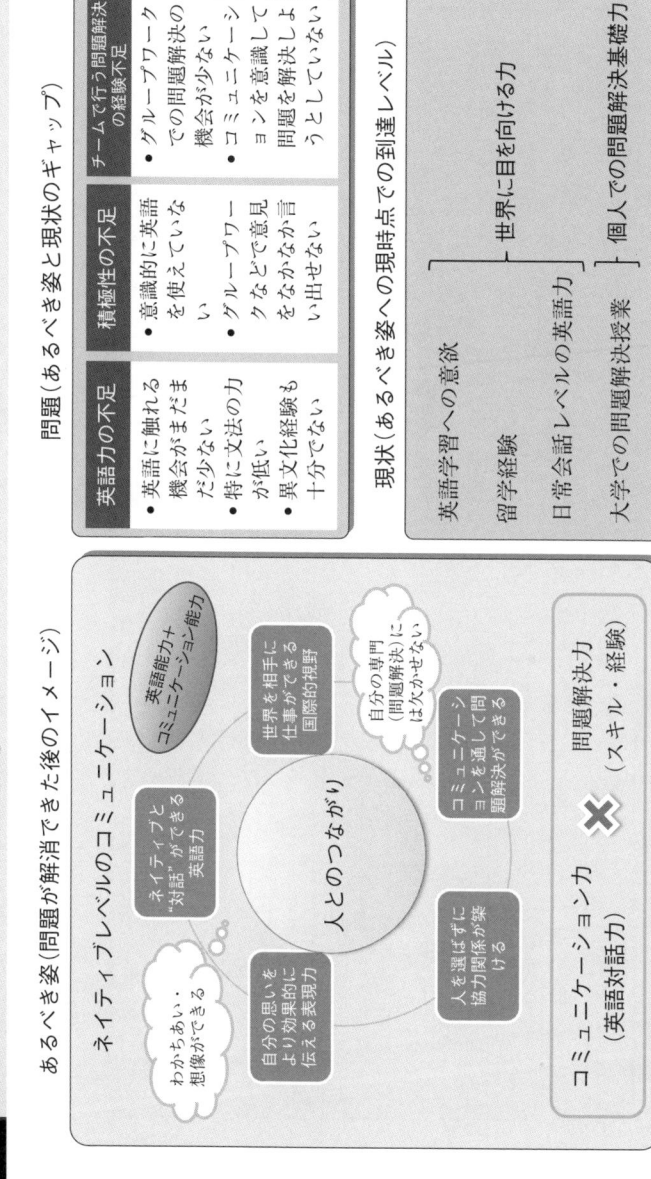

あるべき姿（問題が解消できた後のイメージ）

ネイティブレベルのコミュニケーション

英語能力＋コミュニケーション能力

- 世界を相手に仕事ができる　国際的視野
- 自分の専門（問題解決）にはたかせない
- コミュニケーションを通して問題解決ができる
- 人を選ばずに協力関係が築ける
- 自分の思いをより効果的に伝える表現力
- ネイティブと"対話"ができる英語力

わかちあい、想像ができる

人とのつながり

コミュニケーション力（英語対話力） ✕ 問題解決力（スキル・経験）

問題（あるべき姿と現状のギャップ）

英語力の不足	積極性の不足	チームで行う問題解決の経験不足
・英語に触れる機会がまだ少ない ・特に文法の力が低い ・異文化経験も十分でない	・意識的に英語を使えていない ・グループワークなどで意見をなかなか言い出せない	・グループでの問題解決の機会が少ない ・コミュニケーションを意識して問題を解決しようとしていない

現状（あるべき姿への現時点での到達レベル）

- 英語学習への意欲
- 留学経験　　　　　　　　　｝世界に目を向ける力
- 日常会話レベルの英語力
- 大学での問題解決授業　　　　　個人での問題解決基礎力

取組み（取組むべきことを明確化する）

- 英語に触れる機会を増やす＝使える英語力を身につける
- 個人はもちろん、チームでコミュニケーションを意識して問題解決に取り組む

127

第4章 問題解決活動の勘所の鍛え方

図表 4.10 問題解決フレームワークの作成例④

問題（あるべき姿と現状のギャップ）

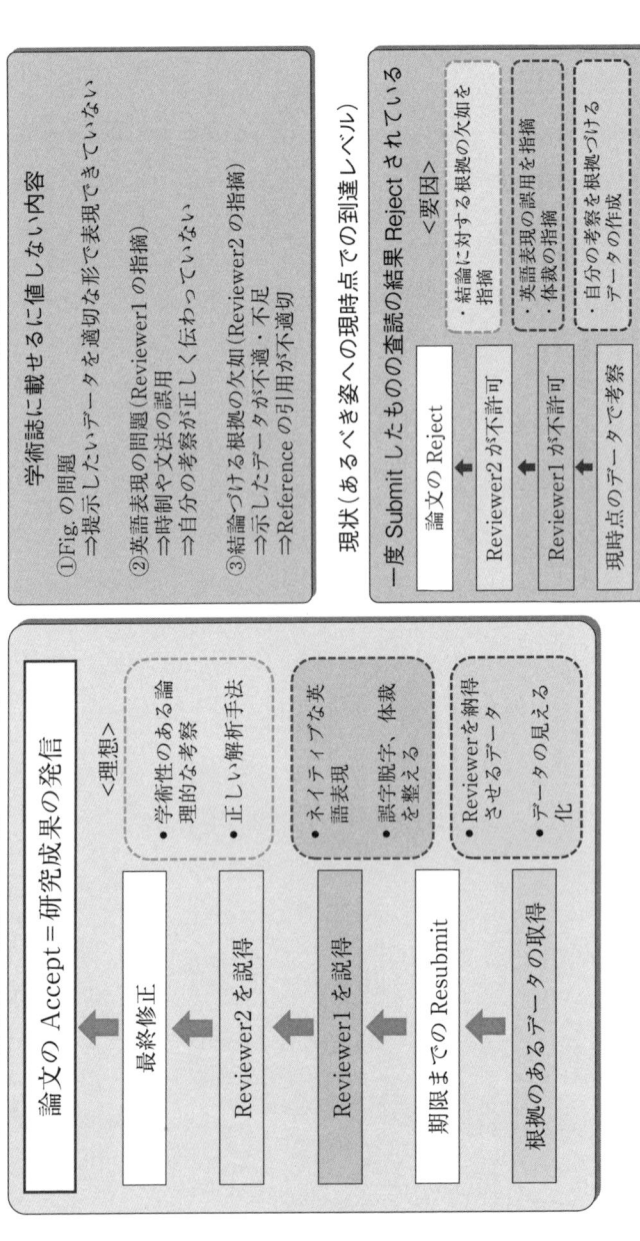

学術誌に載せるに値しない内容
① Fig.の問題
→ 提示したいデータを適切な形で表現できていない
② 英語表現の問題（Reviewer1 の指摘）
→ 時制や文法の誤用
→ 自分の考察が正しく伝わっていない
③ 結論づける根拠の欠如（Reviewer2 の指摘）
→ 示したデータが不適・不足
→ Reference の引用が不適切

現状（あるべき姿への現時点での到達レベル）

一度 Submit したものの査読の結果 Reject されている

＜要因＞
・結論に対する根拠の欠如を指摘
・英語表現の誤用を指摘・体裁の指摘
・自分の考察を根拠づけるデータの作成

論文の Reject
↑
Reviewer2 が不許可
↑
Reviewer1 が不許可
↑
現時点のデータで考察

あるべき姿（問題が解消できた後のイメージ）

論文の Accept ＝ 研究成果の発信
↑
最終修正
↑
Reviewer2 を説得
↑
Reviewer1 を説得
↑
期限までの Resubmit
↑
根拠のあるデータの取得

＜理想＞
・学術性のある論理的な考察
・正しい解析手法

・ネイティブな英語表現
・誤字脱字、体裁を整える

・Reviewer を納得させるデータ
・データの見える化

取組み（取組むべきことを明確化する）

根拠のあるデータを取得するための新たな実験、英語表現の見直し、Fig.の見直し

128

- 自分として目指している人物像の実現
- 期初の重点目標の実現
- より良い人生の実現

など、さまざまなテーマが浮かんでくると思います。例えば、新年の抱負の実現をテーマにした場合について考えてみます。年末までに実現したいことを「あるべき姿」として想像し、その「あるべき姿」に対する年初の状態を「現状」として見える化し、両者の差異を「問題」として整理することで、新年の抱負としての問題解決フレームワークを作成することができます。また、会社における年度の始めの重点目標の実現などは、問題解決フレームワークの恰好のテーマです。経営トップから末端の担当者にまで展開される重点目標に関して、担当役員、部門長、課長、……といった各々の立場で実現すべきことを問題解決フレームワークで明確化することで、重点目標の展開が実態が見えない伝言ゲーム的なものではなく、なすべきことの展開という理想的なものになります。他のテーマについても同様です。

このように考えると、身近に存在しているテーマを題材にして、さまざまな問題解決フレームワークを作成することができることから、この努力を積み重ねていくことで、訴求力のある問題解決フレームワークを作成する力が徐々に鍛えられてきます。しかも、この力は問題解決活動の基盤となる最も重要な力であり、勘所なのです。決して地道な努力を惜しまず、一日でも早く身につけるようにしてください。

4.2　ロジックツリーの活用

　ロジックツリーは、問題解決フレームワークを通じて導き出された「あるべき姿」の実現へ向けて「現状」を変えていくための方向性を示す大課題を、論理的な道筋を辿って適切に中課題、さらには小課題へと分解し、最終的に取り組むべき実行施策を設定するための、問題解決活動の進め方を大筋で決定する役割を担っています。ロジックツリーを活用し、課題の

第4章　問題解決活動の勘所の鍛え方

分解と実行施策の設定が適切に実施できるようになると、どんなにハードルが高い課題であっても、恐れることなく達成へ向けて取り組むことができるようになります。これによって、あまりにハードルが高い課題を設定してしまうと達成できない恐れがあることから、課題のハードルをそこそこのレベルで抑えておくといったような、姑息な対応で済ませることを避けることができます。ロジックツリーは、本当に必要とされる取り組むべき課題を設定できるとともに、「あるべき姿」の実現へ向けて「現状」を変えていくための道筋を明確にできる、海図のような機能をもっているのです。

　ロジックツリーを上手く展開するために必要となる力が、物事のつながりを論理的に考えるためのロジカルシンキング力です。ロジカルシンキングは日常でも使われることがあるため、問題解決フレームワークと比べて比較的馴染みやすい取組みといえます。物事の論理的なつながりは、理由ベースで考える「なぜなぜ展開」と、目的ベースで考える「何のため展開」という2種類の思考プロセスを辿ることで検討できます。ロジカルシンキングとはこのような思考プロセスにもとづいて、物事の理屈を考えることなのです。ロジックツリーを検討する場合には「何のため展開」が、4.4節で取り扱う特性要因図を検討する場合には「なぜなぜ展開」が、各々適しています。ここではロジックツリーの検討に適している「何のため展開」について説明します。

　例えば、勉強するのは何のため、という設問に対する答えの一つとして、「良い学校に入るため」という答えが考えられます。ロジカルシンキングでは、これとは逆の考え方で、「良い学校に入るためには何が必要か」という設問を設定することで、「勉強をする」ことを始めとして、必要だと考えられる取組みを洗い出すのです。さらに、「勉強をするためには何が必要か」という設問を設定することで、「良い参考書」などの一歩深く踏み込んだ取組みを洗い出していき、実行施策として実際に手が届く取組みまで徐々に落とし込みます。

4.2 ロジックツリーの活用

◆ロジックツリーのつくり方

　ロジックツリーを作成するためには、ロジカルシンキングを駆使して、問題解決フレームワークにもとづいて設定した大課題を達成するためにはどのような中〜小課題を設定する必要があるのか、その中〜小課題を達成するためにはどのような実行施策を設定する必要があるのか、という思考プロセスを展開します(**図表4.11**)。この際、

- 課題の解決手段を漏れなくMICE的視点で展開する
- 実行施策として取組み可能なレベルに至るまで分解する

ことが求められます。なかでも、MICE的視点は中課題レベルで強く意識しなければなりません。この時点の分解に漏れや重複が存在すると、この後の展開に大きな悪影響を及ぼすことから注意が必要です。中課題レベルでMICE的視点がしっかりと押さえられていれば、それ以下の階層にお

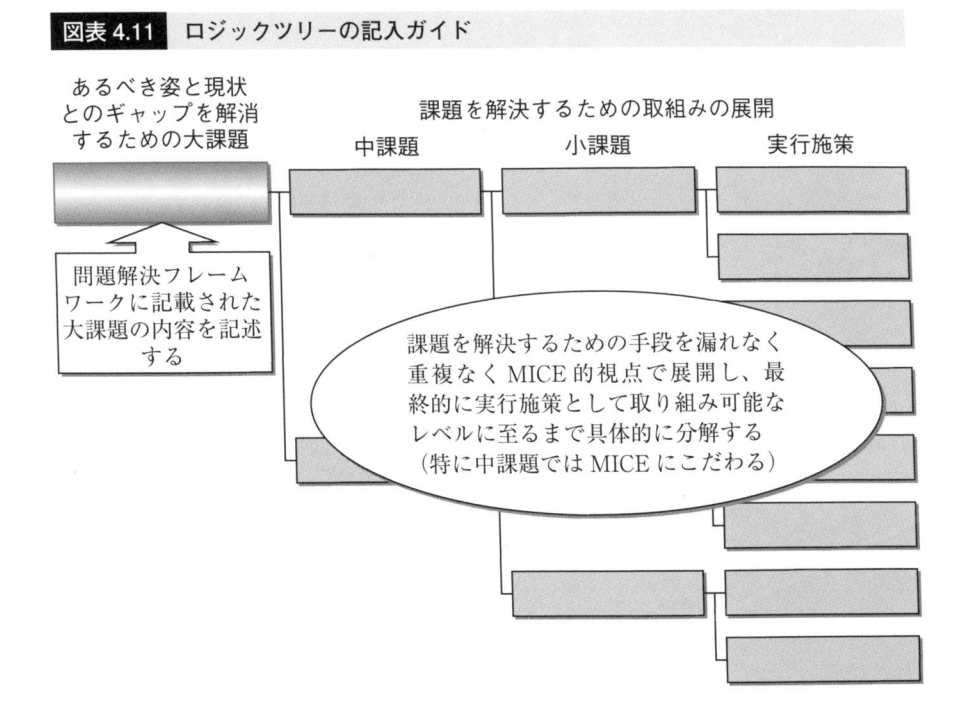

図表4.11　ロジックツリーの記入ガイド

あるべき姿と現状とのギャップを解消するための大課題　／　課題を解決するための取組みの展開（中課題／小課題／実行施策）

問題解決フレームワークに記載された大課題の内容を記述する

課題を解決するための手段を漏れなく重複なくMICE的視点で展開し、最終的に実行施策として取り組み可能なレベルに至るまで具体的に分解する
（特に中課題ではMICEにこだわる）

131

いてはMICE的視点をそれほど意識しなくても特に問題はありません。
　MICE的視点とは漏れずダブらずということですが、このような視点で課題を分解していくときに、漏れを防ぐ確実な方法として、
- 課題を2分割する場合には、分類Aとその他
- 課題を3分割する場合には、分類Aと分類Bとその他
- 課題を4分割する場合には、分類Aと分類Bと分類Cとその他

〈以下同様〉

という分け方があります。このようにすると、分類Aや分類Bや分類Cといった分類対象の何れにも属さないものは、すべてその他に分類することができ、漏れを完全に防ぐことができます。さらに、分類Aや分類Bや分類Cといった分類の内容に独立性があって、対象を完全に仕分けることができれば、MICE的視点が反映されているといえます。

◆ロジックツリーの評価

　このようにして作成したロジックツリーに対して何よりも求められることは、展開の最下位に位置している実行施策を実施していくことで上位課題を達成することができ、さらには大課題を確実に達成できるようになっていることです。このためには、個々の取組みに関する表現内容を、簡潔でなすべきことが明確になるように工夫することです。この表現内容が曖昧だと、取組みに関する理解が損なわれることになります。そして、大課題を達成するために必要な取組みのすべてが体系的に適確に盛り込まれていることを、実行施策を実施する前段階で何度も繰り返し確認し、納得がいくまで内容をリバイスします。

　また、ロジックツリーの作成は大課題に関する展開結果の全容を見える化するために行うので、その全容が見やすくわかりやすい内容でなければなりません。検討してきたことのすべてをありのままに表現して、努力の度合いを示しているかのようなわかりにくく複雑な内容にするのではなく、大課題を解決するために必要な部分に焦点を当てた表現にして、わかりやすく簡潔な内容にしなければならないのです。

このようにして作成されたロジックツリーについて、表現されている内容の良し悪しを判断するための評価基準を**図表 4.12** に示すので、参考にしてください。また、前掲の**図表 4.7**「問題解決フレームワークの作成例①」に関するロジックツリーの作成例を**図表 4.13** に示すので、評価基準にもとづいて評価してみてください。さまざまな事例を題材にして、繰り返しこのような評価に取り組むことで、何をどのように表現したら良いのかが頭の中に定着してくるので、是非取り組んでみてください。

ロジックツリーは、問題解決フレームワークで明確にした問題解決の構図に関する処方箋として、問題解決フレームワークとセットで作成するようにしてください。問題解決フレームワークによっていかに良い問題解決の構図を描いたとしても、その処方箋であるロジックツリーを作成していなかったり、作成したとしても課題展開に欠陥があると、釣り上げた大魚を逃してしまうことになりかねません。ロジックツリーはこれほど重要な役割を担っているのですが、作成された事例を見る機会がほとんどないほど、意外と作成されていません。

取り組むべきことの全容を事前に明確にすることなしに、思い付いたことから取組みを始めてしまうと、次から次へと果てしなく先が見えない、まるで底なし沼に入り込んでしまったかのような事態に陥る恐れがあります。前もって取り組むべきことの全容を把握できていれば、このような事態に陥ることを防げるだけでなく、体系的な取組みを実施できるようになることから、無駄のない効率的かつ効果的な活動を展開できるようになります。課題が明確になったら、ロジックツリーを作成する習慣を身につけましょう。

4.3 SR ストーリーの活用

SR ストーリーは、「あるべき姿」の実現へ向けて「現状」を変えていく一連の取組みに関する進捗状況を、

- どのようなことに取り組んできて（S：System の略）

第4章 問題解決活動の勘所の鍛え方

図表 4.12　ロジックツリーの評価基準

	記載内容の評価ポイント	評価	評価理由
大課題	問題解決フレームワークの大課題と整合がとれているか		
	取組みの方向性や狙いどころがイメージできるか		
	表現されている内容はさらなる課題分解が可能なレベルの大きさになっているか		
	簡潔でわかりやすく体言止めした文体で記述されているか		
中課題または小課題	中課題もしくは小課題は2〜5程度の適切な量で設定されていて、各々の内容は上位課題と整合がとれているか		
	中課題として設定された各課題にはMICE（漏れなく重複なく）感があるか		
	簡潔でわかりやすく体言止めした文体で記述されているか		
実行施策	上位課題と整合がとれているか		
	実行すべきことがイメージできるか		
	簡潔でわかりやすく体言止めした文体で記述されているか		
評価合計	○の数		
	△の数		

134

4.3 SRストーリーの活用

図表 4.13 ロジックツリーの作成例（図表 4.7 の問題解決フレームワークの作成例①にもとづく）

大課題	中課題	実行施策	実行スケジュール（年）
			1 2 3 4 5 6 7 8 9 10
駐輪設備の改善	設備改善のために駐輪状況・要求を把握	各駐輪場の使用率の調査	
		学生の駐輪場選択基準の調査	
		学生の駐輪場への要求の調査	
	駐輪場の改善や新設	有効活用するための継続的な現状調査	
		要求を踏まえた現在の駐輪場の改善	
		要求を踏まえた駐輪場の新設	
避難方法の設定	避難の現状の把握	駐輪を考慮した避難のモデル化	
		避難訓練などによる経路ごとの負荷の調査	
		使用されている教室の調査	
	より良い避難方法の設定	負荷などを考慮した避難経路の修正	
		避難訓練などによる修正の有効性の検討	
		駐輪以外の避難阻害要因の影響の考察	

135

- どのような結果や成果が得られてきていて（R：Result の略）
- どのような課題が残されているのか

という具合に節目ごとに振り返るためのベースとなる考え方です。SR ストーリーがきちんと展開されることで、目的に向かって直線的な取組みを実現できるようになります。

　体系的な取組みを長期間にわたって実施していく問題解決活動のような場合においては、目的から徐々にズレてきていることに気づくことなく活動を継続してしまうことで、気づいたときには収拾がつかない事態になっていたということが時折発生します。SR ストーリーにもとづいた進め方をすると、小さなズレが発生した段階で、これを見過ごすことなく適切な対応をとることができ、収拾がつかない事態に陥ることを事前に予防できるようになるのです。

　SR ストーリーにおいては、節目ごとの振り返りとして行う活動レビューが、その有効性を高めるためのカギになります。活動レビューを通じて、取り組んできたこと(S)と、得られたこと(R)とを直接対比することで、活動を通じて取り組んできたことのすべてを、

- 良かった点　⇒結果や成果に結び付いた取組み　　　⇒継続
- 悪かった点　⇒結果や成果に結び付かなかった取組み　⇒改善

というように仕分けをするのです。この仕分けを適確に行ったうえで、この仕分けにもとづいた取組みを確実に実施することで、良い点は引き続き継続され、悪い点はこれから改善されることから、当然のこととして次は必ず良くなるはずです。つまり、このような取組みを繰り返すほど、右肩上がりで良くなっていく傾向を実現できるのです。

　実は、問題解決の基本はこのような簡単な構図なのですが、基本を忠実に守らないことが問題解決を難しくしているのです。一つの取組みが終わったときに、活動レビューをほとんどせず、腕まくりをしながらすぐに次の手を考えてしまい、そのまま取り組んでしまっているようでは、次に良い結果が得られる保証が何一つありません。活動レビューをきちんと行うことで、今後の取組みにつながっていき出来栄えの良し悪しを評価する

ことができるようになるのです。これが継続的改善の原点となるものなのです。

　身の回りに存在し、SRストーリーのイメージに近いものの一つとして歴史年表があります。歴史年表では、年代の大きな流れのなかで、いつの時点で何が起きたのかが書かれていて、気の利いた歴史年表では、それでどうなったのかということまで書かれています。基本的にはSRストーリーも歴史年表と同じ考え方で、

- 「あるべき姿」の実現に向けた取組みの進捗状況
    ⇒「S」の明確化
- 「あるべき姿」のイメージに対する現状変化の進展状況
    ⇒「R」の明確化
- 「S」と「R」との対比を通じた活動レビュー実施結果

といった要素を踏まえて作成すればよいのです（**図表4.14**）。

図表4.14 SRストーリーの記入ガイド

S1：これまでのやり方	S2：今回のやり方	S3：今後の取組み
	あるべき姿の実現へ向けて、現状を変革するための取組みの進捗を、半期もしくは年度単位で明確化する「S」の明確化	
R1：これまでの結果	R2：今回の結果	R3：今後目指すべき結果
	上記の取組みの進捗にもとづいて、あるべき姿へ向けた現状の変革状況を、具体的（できれば定量的）に明確化する「R」の明確化	
良かった点/悪かった点　　　問題→要因	良かった点/悪かった点　　上記の「S」と「R」との対比を通じて良かった点と悪かった点とを区分けし、悪かった点についてなぜなぜを展開する「要因および原因」の明確化	

具体的には、活動ステップが1⇒2⇒3⇒……、という具合に時系列に推移していくのに伴って、「S」と「R」の内容がお互いに関連性をもちながら徐々に進展してきていることがわかりやすく表現されていることが必要です。さらに、各活動ステップでは、活動レビューがしっかりと行われていて、その結果がどのように次のステップへ展開されているのかがわかりやすく表現されていることが必要です。このようにSRストーリーが作成されていると、目的に対して取り組んできた活動の全容が一目瞭然となります。

このようにして作成されたSRストーリーについて、表現されている内容の良し悪しを判断するための評価基準を**図表4.15**に示すので、参考にしてください。また、前掲の**図表4.7**「問題解決フレームワークの作成例①」に関するSRストーリーの作成例を**図表4.16**に示すので、評価基準にもとづいて評価してみてください。さまざまな事例を題材にして、このような評価に繰り返し取り組むことで、何をどのように表現したらよいのかが頭の中に定着してくるので、是非取り組んでみてください。

◆自分のテーマで実践してみよう

問題解決フレームワークと同じように、SRストーリーも身近なテーマをもとにして、できることから作成してみることが必要です。問題解決フレームワークでは、書き方だけではなく思考プロセスも大きな要素になっていましたが、SRストーリーでは、思考プロセスの要素は比較的低く、書き方の要素が高くなっていることから、書き慣れるということがポイントになってきます。SRストーリーを作成するための身近なテーマとしては、次のようなものが考えられます。

- 自分の人生
- 自分の自己成長
- 期末のレビュー

例えば、自分の人生をテーマにした場合では、時系列的なステップを学生時代→社会人時代→定年後時代といったような区分として、区分ごと

4.3 SRストーリーの活用

図表 4.15　SRストーリーの評価基準

	記載内容の評価ポイント	評価	評価理由
S	あるべき姿の実現度合いがわかる施策やプロセスが明確に書かれているか		
	取り組むべきこと(ロジックツリー)の進捗や達成度合いがイメージできるか		
	「良かった点は継続」し、「悪かった点は改善」する形になっているか		
	時系列で見たときに「やり方」の成長(改善)度合いが表現されているか		
R	結果や成果がわかりやすく具体的に表現されているか(極力定量的に)		
	「やり方」と対応した内容になっているか		
	あるべき姿の実現度合いがイメージできるか		
	時系列で見たときに「結果」の成長(改善)度合いが表現されているか		
良かった点・悪かった点	良かった点と悪かった点が明確になっているか		
	悪かった点に関する問題認識は事実にもとづいて内容に納得性があるか		
問題→要因	なぜなぜを繰り返して考えられる要因を洗い出したうえで真の原因を捉えているか		
	次のステップのSにつながる内容になっているか		
評価合計	○の数		
	△の数		

139

第4章　問題解決活動の勘所の鍛え方

図表 4.16　SR ストーリーの作成例（図表 4.7 の問題解決フレームワークの作成例①にもとづく）

S1：これまでのやり方	S2：今回のやり方	S3：今後の取組み
・駐輪場に対する要求の調査が行われていない ・駐輪の影響を考慮して避難経路が設定されていない	・1 週間の駐輪台数調査の実施 ・駐輪による有効幅員の減少を考慮した避難のモデルを作成 ・学生を対象とした避難と駐輪に関するアンケートを実施	・モデルの改善とより均一なアンケートの実施 ・避難と駐輪状況を考慮した解決策の実施と有効性の評価 ・継続的な現状の把握

R1：これまでの結果	R2：今回の結果	R3：今後目指すべき結果
・駐輪数の偏りや違反駐輪による幅員の減少が生じている ・混雑する箇所で災害時に人が滞留する可能性がある	・避難に特に影響を及ぼす駐輪場を特定 ・駐輪場の使用状況や駐輪場の選択基準、要望などの意識の明確化	・調査結果を反映して駐輪状況の改善がなされており、すべての駐輪場が有効活用されている ・有効幅員の減少や経路ごとの負荷の偏りは生じず災害時は安全かつスムーズに避難を行うことができる ・上記 2 つの現状を維持するために継続的に現状調査や避難訓練が行われ設備、意識の双方が高まっている
良かった点／悪かった点 ・駐輪場が有効活用されていない ・駐輪が避難に及ぼす影響について考慮されていない	良かった点／悪かった点 ・駐輪が避難に及ぼす影響を定量的に知ることができた ・駐輪場に対する具体的な要望を知ることができた ・現実を正確に反映していない	
問題→要因 ・学生の要求が反映されていない ・影響が定量的に示されていない	問題→要因 ・モデルが簡易的 ・アンケートのサンプルの偏り	

に取り組んできたことを「S」として、なし得たことを「R」として、その両者を改めて比較しつつ振り返ることで、自分の人生としての SR ストーリーを作成することができます。また、会社で実施されている期末レビューを SR ストーリーにもとづいて実施することで、担当している仕事の過去から現在にかけての変遷や将来へ向けての進め方を、整理することができます。

4.4 なぜなぜ展開のための特性要因図の活用

◆問題解決の三種の神器

　ここまで、問題解決フレームワーク、ロジックツリー、SRストーリーの勘所を説明してきました。問題解決活動の展開においては、問題解決フレームワークとロジックツリーは事前の活動として、SRストーリーは事後の活動として、各々きちんと作成していくことが必要です。これらの出来栄えの良し悪しが、問題解決活動の出来栄えの良し悪しに直結するといっても過言ではありません。問題解決活動においては、

- 問題解決フレームワークは目的を指し示す羅針盤
- ロジックツリーは目的までの道筋を描いた海図
- SRストーリーは正しい航路を保つための方向舵

といった位置づけになります。これらはすべて一枚のドキュメントで表現できることから、たった3枚のドキュメントで問題解決活動の全容を把握し、管理することができるようになるのです。このようなことから、この3枚のドキュメントを適宜作成しながら上手く活用していくことで、問題解決活動全体を誤りのない正しい進め方で進捗させることができるようになります。まさに、問題解決フレームワークとロジックツリーとSRストーリーは、問題解決活動を正しい方向に導くための"三種の神器"なのです。この三種の神器を自分のものとして使いこなせるように努力して、問題解決活動の勘所を鍛えてください。

4.4　なぜなぜ展開のための特性要因図の活用

　なぜなぜ問答という用語があります。頭の中でなぜという疑問を繰り返しながら物事を深く追求していくことで、悪さの原因を突き詰めるときに役立つ方法です。某有名自動車メーカーでは、一つの題材に対してなぜなぜを5回繰り返すという逸話がありますが、余程上手な進め方をしないと、3回目ぐらいの"なぜなぜ"で考えに行き詰まってしまいます。そして、その後は詰問もしくは言葉の拷問状態といった、望ましくない状態に

第4章　問題解決活動の勘所の鍛え方

陥ることがよくあります。このような状態で"なぜなぜ"を繰り返しても雰囲気が悪くなるだけで、ほとんど意味のない結果しか得られません。典型的な例が、「すべて私が悪いのです」といったところに行き着いてしまうことです。このような状態に陥ってしまうと、失敗をしてしまった人に対して反省を促しているだけの意味しかなく、なぜなぜ問答の本来の狙いである失敗から学ぶという健全な方向に意識が向かいません。このような状態に陥らないためには、その場の成り行きに任せた会話を通じてのなぜなぜ問答ではなく、物事を深く追求するためのプロセスをきちんと踏まえたうえで、なぜなぜを展開していくことが必要です。

ここで、要因と原因との違いを改めておさらいしておくと、

- **要因**：結果の悪さに関係していることが予測される「もの」や「こと」
- **原因**：結果の悪さに関係していることが検証できた「もの」や「こと」

です。この両者の違いはとても大きな意味をもっていて、「要因」は予測を通じて、「原因」は検証を通じて、各々把握するということなのです。要因を予測するときには拡大発展思考で、原因を特定するときには絞り込み思考でという具合に、両者にはまったく正反対の考え方が求められます。したがって、要因の予測と原因の検証という行為が混同してなぜなぜ展開を行っても、思考の混乱を招いてしまって上手く進みません。要因を予測する段階では考えを拡大発展させるような進め方が、原因を特定する段階では考えを絞り込ませるような進め方が、必要となるのです。このように考えると、

- 拡大発展思考にもとづいて、要因を予想しながら数多く洗い出す
- 絞り込み思考にもとづいて、洗い出した要因を検証しながら原因を特定する

という2段階の進め方が、なぜなぜ展開の望ましい取組みといえます。要因の洗い出し→要因の検証という工程を、的を外さないようにしながら踏んでいくのです。

4.4 なぜなぜ展開のための特性要因図の活用

◆要因を洗い出すポイント

まず始めに、なぜなぜ展開の初めの段階で要因の洗い出しを上手く行うためのポイントは、とにかく考えられる要因を数多く洗い出すことです（**図表 4.17**）。要因の洗い出しが中途半端なままに取り組まれてしまうと、その後の要因の検証に値する要因が漏れてしまう可能性があります。この段階で原因となる可能性をもった要因の多くを洗い出すことができていないと、その後工程で丹念に要因を検証したとしても適切な原因の特定に至らないことから、要因の検証が意味のないものになってしまいます。なぜなぜ展開に取り組んでも良い結果が得られないので、時間をかけて取り組むことは無駄という認識をもつ方々がいますが、このような方々は、得てして要因の洗い出しにきちんと取り組んでいないことに気づいていないのです。

図表 4.17　なぜなぜ展開の進め方－ステップ1（要因の洗い出し①）

いろいろな観点から考える　→　基本的な観点は 4M2S と 4P

フレームワーク
↓
物事を考えるときの観点（評価軸）の集合体

観点 A
観点 B
観点 C
問題

観点が多面であるほど、多様な思考ができる

技術系の比較観点 ⇒ 4M2S
- Man　　　　　　　（人・作業）
- Machine　　　　　（設備・機械）
- Material　　　　　（材料・道具）
- Method　　　　　（方法・手順）
- Space　　　　　　（場所・位置）
- System / Standard　（仕組・標準）

営業系の比較観点 ⇒ 4P
- Product　　　　　（製品・品質）
- Price　　　　　　（定価・割引）
- Promotion　　　　（広告・販促）
- Place　　　　　　（流通・在庫）

展開対象にて各観点に該当する要素を考える

第4章　問題解決活動の勘所の鍛え方

　初めの段階で洗い出すべき要因を出し切るためには、どのようにすればよいのでしょうか。第一にいえることは、解決しようとしている問題を一面的な見方だけでなく、さまざまな観点から多面的に見ることです。ある一つの方向から物を見たときにそれなりの見方ができてしまうと、それだけですべてが見えた気になり満足してしまって、他の方向からも見てみようと思わなくなってしまいます。これが盲点といわれるものなのです。同じ物でも、他の方向から見ると違った見え方をする場合があります。これは意識の問題で、問題解決の源泉は好奇心と探求心であると説明したように、もっといろいろ知りたい、もっと深く知りたいという意識を強くもつことが必要なのです。このようにして、盲点は意識レベルを高く保つことでより少なくすることができます。

　例えば、円錐を見たときに、横方向から見て三角形に見えたことからすべてが見えた気になって、これは三角形であると判断しているような場合があります。これでは、垂直方向から見た場合には円形に見えるという点が完全に盲点になっていて、この情報が欠落してしまうことで、円錐というイメージを頭の中で再構成することができなくなってしまうのです。これが、物が見えていないということにつながります。この例は、簡単な内容でしかも結果が既にわかっているので、とても馬鹿げているように思えるかも知れませんが、同じようなことが実生活や会社の仕事のなかで日常茶飯事に起きているのです。しかも、このような盲点が発生していることに本人がまったく気づいていないという、どうしようもない状態で起きているのです。

　気づくことが難しい盲点の発生を防ぐには、そもそも盲点自体が発生しないようにするしか手立てがありません。このような盲点の発生を防ぐための効果的な方法が、技術系の比較観点である4M2Sであり、営業系の比較観点である4Pなのです。物事を見るときに、良い観点が思い浮かばない、もしくは気づかなくても、これらの比較観点を活用することで多様な見方をすることができ、盲点の発生を防ぐことができます。

4.4 なぜなぜ展開のための特性要因図の活用

◆なぜなぜ展開の進め方

　解決しようとしている問題を多様な観点からじっくり見ていくための観点がわかったら、次は実際になぜなぜ展開に取り組みます。この段階では系統図という手法が役に立ちます。系統図とはロジックツリーと同じものです(図表 4.18)。ロジックツリーは活用方法としての名称ですが、系統図は一般的な手法としての名称です。系統図を活用して、ロジックツリーのときには「何のため展開」を行いましたが、ここでは「なぜなぜ展開」を行います(図表 4.19)。まずは、解決しようとしている問題に関する要因を洗い出すための突っ込みどころとして、できるだけ幅広い観点を設定することが必要です。そして、突っ込みどころとしてのさまざまな観点が定まったら、その一つひとつを"なぜなぜ"という視点で紐解きながら深掘りしていくことで、徐々に真因に迫っていく過程を明らかにしていくのです。このように考えていくことで、解決しようとしている問題の素性を次第に浮き彫りにすることができるとともに、問題に関連している多くの要

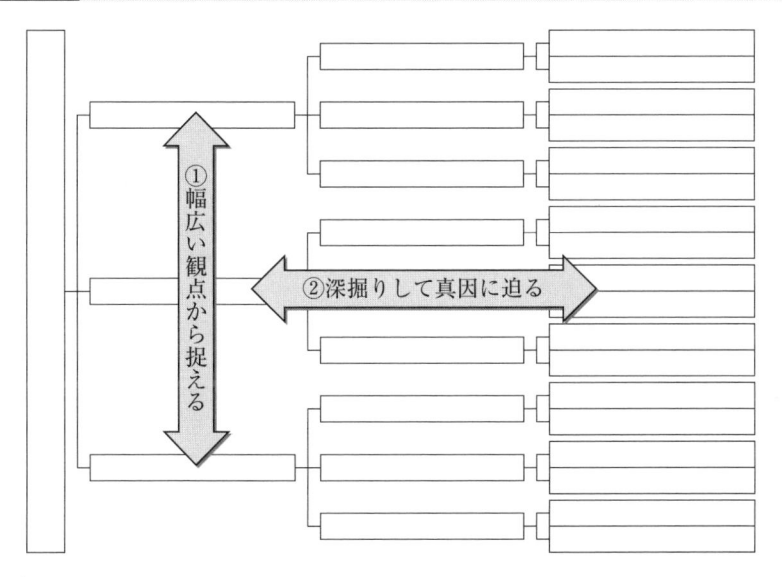

図表 4.18　なぜなぜ展開の進め方－ステップ2(要因の洗い出し②)

①幅広い観点から捉える
②深掘りして真因に迫る

第4章　問題解決活動の勘所の鍛え方

図表4.19　なぜなぜ展開の進め方－ステップ3（要因の洗い出し③）

●生産ラインで組み立て不良が発生
↓
なぜなぜ① ⇒ 組み立て作業手順が変わっていた
↓
なぜなぜ② ⇒ 組み立て作業者が変わっていた
↓
なぜなぜ③ ⇒ 組み立て担当者が病気で休んでいたためにヘルパーが作業していた
↓
なぜなぜ④ ⇒ ヘルパーに作業手順がきちんと伝わっていなかった
↓
なぜなぜ⑤ ⇒ ヘルパーには口頭指示だけで作業手順をきちんと教育していなかった
↓
なぜなぜ⑥ ⇒ ヘルパーに事前教育を行うためのきちんとした仕組みがなかった
↓
なぜなぜ⑦ ⇒ 作業手順を見える化して共有するという業務プロセスがなかった
↓
なぜなぜ⑧ ⇒ 仕事のノウハウを標準化して会社全体の財産にする風土がなかった
↓
●合理的かつ効果的に再発防止ができるレベルを見定めて対策を講じる

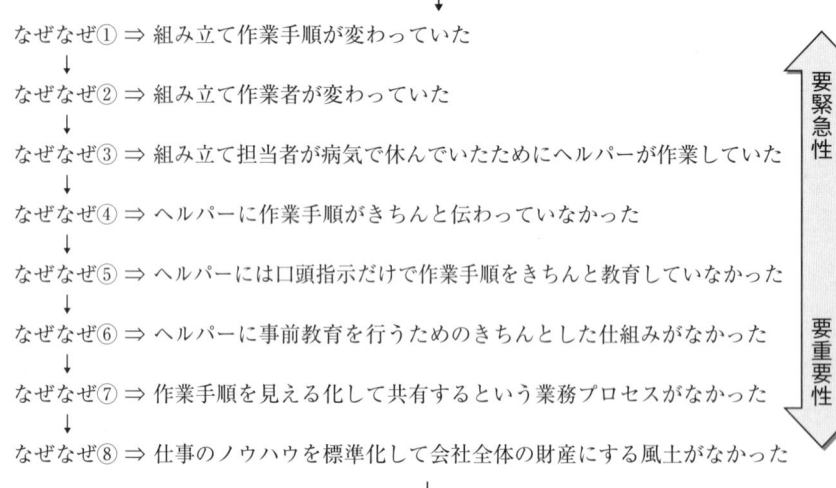

（右側矢印：要緊急性　↕　要重要性）

因を芋蔓式に洗い出すことができるようになるのです。

　ところが、上記のような各観点から深掘りを行っていると、これから先どこまで深掘りしていったらよいのかという壁に突き当たることがあります。あまりに深掘りして、ほとんど意味をもたないような興味本位のレベルにまで至ってはいけません。このためには、深掘りするときのレベルを、あらかじめ認識しておくとよいのです。すなわち、どこまでやるのかということです。このレベルはさまざまな要素で決めることができますが、合理的なものとしては緊急性と重要性という要素が考えられます。解決しようとしている問題が、例えば人的被害のようなものであったとしたら、それは今すぐにでも再発を防がなければならない問題なので、その問題の解決には緊急性が求められます。このため、即効性のある手が打てそうになった段階で「なぜなぜ展開」を切り上げて、いち早く対策活動を展開したほうが合理的です。解決しようとしている問題が、例えば風土改革のよ

うなものであったとしたら、それは時間をかけてでもやり遂げなければならない問題なので、その問題の解決には重要性が求められます。このため、しっかりとした手が打てそうな段階になるまで「なぜなぜ展開」を継続して、着実な対策活動を展開できるようにすることが合理的です。このように、深掘りするときのレベルをあらかじめ認識しておくことで、合理的かつ効果的に「なぜなぜ展開」を行えるようになります。

　解決しようとしている問題のことを熟知していて、問題の素性を浮き彫りにするような工程を踏まなくてもよい方々であるなら、「なぜなぜ展開」に取り組むことなしに、いきなり要因の洗い出しに取り組んだとしても、原因となる要因を逃すことなく要因の洗い出しができるのかもしれません。しかし、要因を洗い出そうとしている方々がそのような方々でなかったら、頭の中を整理する意味で、「なぜなぜ展開」を通じて問題の素性を浮き彫りにする工程を踏むべきだと思います。人間は神様ではないので、どのようなことにも必ず見落としがあるものです。わかりきっていると思っていることであっても、時として意識の下に隠れてしまって、ど忘れするなどして見落としが発生します。そして、いきなり要因の洗い出しに取り組むことで、この段階で原因を取り逃がす事態に陥ってしまうのです。こうしたことを防ぐために、「なぜなぜ展開」を通じて問題の素性をしっかりと浮き彫りにしたうえで、要因の洗い出しを行うことが大切です。ただし、「なぜなぜ展開」は現場のことがよくわかっている方々を巻き込んで行わないと、実態と掛け離れたものになるので注意が必要です。

　解決しようとしている問題に関する「なぜなぜ展開」が一通り終わったら、さまざまな観点から多面的な見方をすることで浮き彫りになった問題の素性を踏まえて、問題に関連する要因を徹底的に洗い出すことになります（図表4.20）。このようなお互いの考えをとにかく数多く出し合うような場合には、ブレーンストーミングという議論の進め方が役立ちます。ブレーンストーミングには、

① **自由奔放**：思いついた意見を何でも出す
② **批判禁止**：出された意見を批判しない

第4章　問題解決活動の勘所の鍛え方

図表 4.20　なぜなぜ展開の進め方－ステップ4(要因の洗い出し④) (図表 2.7 の再掲)

```
          想像的なグループ討議の進め方
          ／                        ＼
メンバーからの意見の引き出し方      出された意見のまとめ方
```

【ブレーンストーミング】
　メンバー全員からとにかくたくさんの意見を引き出すときの進め方です。
　進め方のルールは3つあります。
① 自由奔放
　⇒ 思いついた意見を何でも出す
② 批判禁止
　⇒ 出された意見を批判しない
③ 相乗り歓迎
　⇒ 人の意見に便乗して意見を出す
　ポストイットなどに事前に意見を書き出しておいて、1件ずつ順々に発表していくようにすると意見が出やすくなります。

【KJ法(親和図法)】
　ブレーンストーミングなどで出し合った多くの意見をまとめるときの進め方です。
① 意見の集約
　⇒ 似た意見を集めて集団をつくる
② 集団ラベルの作成
　⇒ 各集団に相応しい表現を使う
③ 各集団内での意見関連性の明確化
　⇒ 各集団内の各意見を関連づける
④ 集団関連性の明確化
　⇒ 各集団の内容を見て関連づける
　必要に応じて QC 手法である連関図や特性要因図を使うと分りやすくなります。

　③　**相乗り歓迎**：人の意見に便乗して意見を出す

という3つのルールがあります。要するに、どんな意見も臆せず出せて、出てきた意見は前向きに受け止める、という雰囲気をみんなでつくることなのです。ごく当たり前のことですが、実際のミーティングなどではあまり意識されず、守られていないことが多いのです。

　ミーティングを行ったとしても、参加メンバーから意見が出てこない大きな理由は、「意見を出しても受け入れられない」という気持ちを、参加メンバーの多くが抱いているからなのです。そして、このルール破りのような行為がミーティングのなかで一度でも起きてしまうと、参加メンバーの多くが抱いているこのような気持ちが、いっそう強く心の中に刻まれてしまいます。人前で意見を出すことに抵抗がない人たちには理解しにくい

ことかもしれませんが、ほとんどの人たちがこのような傾向をもっているのです。また、人前で意見を出すことに抵抗がない方々が、本人が意識することなくルール破りを行っていることが多く、この結果として、人前で意見を出すことに抵抗がない方々だけでミーティングが進行するという事態に陥るのです。このようになってしまったら、参加メンバー全員の意見を反映した結論など出せるわけがないので、時間をかけて出した結論が有名無実なものになってしまいます。

　問題解決活動は関係者を巻き込んで、その関係者とともに組織としての成果を上げていくための取組みであることから、ミーティングがこのような事態に陥ることは極力避けなければなりません。このような意味から、意思決定の手段として行われるミーティングに参加するメンバーが、ブレーンストーミングのルールを守ることはとても大切なことなのです。

◆ KJ法の活用

　要因の洗い出しに話を戻します。できるだけ多くの要因を検討の土俵に上げることが大切で、浮き彫りになった問題の素性を踏まえて、事の大小や重複にとらわれずに、とにかく考えられる要因を洗い出し尽くすことに専念するのです。また、このときに注意すべきことは要因の表現の仕方です。例えば、「標準書」とか「作業方法」といったような単語ではなく、「標準書や作業標準がどのようになっているから」といったように、「〜が〜である」という具合に内容がわかるように表現しておくことです。このように表現しておくと、この後に議論が白熱してきても内容の勘違いを防ぐことができます。さらに、洗い出された要因の一つひとつに論評を加えたり、分類を始めたりといった余計なことは、一切考えてはいけません。このようにして、要因が洗い出し尽くされたと思える状況になってきたら、次の段階として洗い出された要因の分類に取り組みます。このときに役立つ方法がKJ法と呼ばれる方法です。KJ法は親和図法とも呼ばれる方法で、

① **意見の集約**：似た意見を集めてグループをつくる
② **グループラベルの作成**：各グループに相応しい表現を使う

③ **各グループ内での意見関連性の明確化**：各グループ内の各意見を関連づける

④ **グループ関連性の明確化**：各グループの内容を見て関連づける

という進め方で、出された意見を効率的に取りまとめるときに役立つ方法です。要するに、似通った意見を集めてグループをつくり、グループ内ならびにグループ間での関係性を明確化することで意見を集約していくのです。

　KJ法を活用して、洗い出し尽くされたすべての要因のなかから似た者どうしを寄せ集めていくと、次第にいくつかのグループが形成されてきます。この工程を上手く進めていくには、すべての要因の一つひとつをあらかじめポストイットに一件一葉で書き留めておくとよいでしょう。要因を各グループへ分類するためにいろいろと考えていると、要因のグループ間移動が頻繁に起きます。このようなときにポストイットを使っていると、要因のグループ間移動がとても容易です。また、このときの各グループには独立性があってMICE感がないと、要因を各グループへ分類するときに迷いが生じるとともに、分類の精度が低くなってしまうことから、注意が必要です。

　そして、すべての要因を何れかのグループに分類することができたら、それらのすべてのグループに対して、分類された要因の内容を踏まえた適切な名称としてのグループラベルを付与します。さらに、各グループ内に分類された要因を対象にして、各々のグループのなかで要因間の関連性を確認します。これによって、各グループに分類された要因の全容が、このグループラベルの下で表現することができるようになります。そして、最後は各グループ間の関連性を確認することで、洗い出されたすべての要因を体系的に整理することができます。

◆特性要因図の作成

　上記のように洗い出されたすべての要因が整理できたら、その全体像を「魚の骨」に見立てて、解決しようとしている問題を「頭」として、各集

団間の関連性を「大骨」として、各集団内の要因の関連性を「中骨」として、特性要因図を作成することで全体を見える化すればよいのです(**図表4.21**)。このようにして特性要因図の原型が出来上がります。そして、特性要因図の原型を全体的に眺めながら、不足している要因が見つかったら必要に応じて追加していくことで、最終的な形を完成させるのです。

特性要因図を作成するときに、要因の洗い出しや整理を事前に行うことなしに、なぜなぜを展開しながら直接作成していく進め方があります。現場ではこのような進め方のほうが効率的であると考えられて、むしろ一般的であるかもしれません。このような進め方でもそれなりに要因の洗い出しはできるのですが、なぜなぜを展開するという視点が上手く反映できないことがあります。筆者の長年の経験では、"なぜなぜ"という思考プロセスの展開には、特性要因図という形態よりも系統図という形態のほうが適合性がよいのです。そして、特性要因図は洗い出された要因の全体像を整理された形で見える化するための手段として考えたほうが結果として上手く進められるように感じられます。特性要因図を作成するそもそもの狙いは、"なぜなぜ"をきちんと展開することです。忙しい現場にとっては、

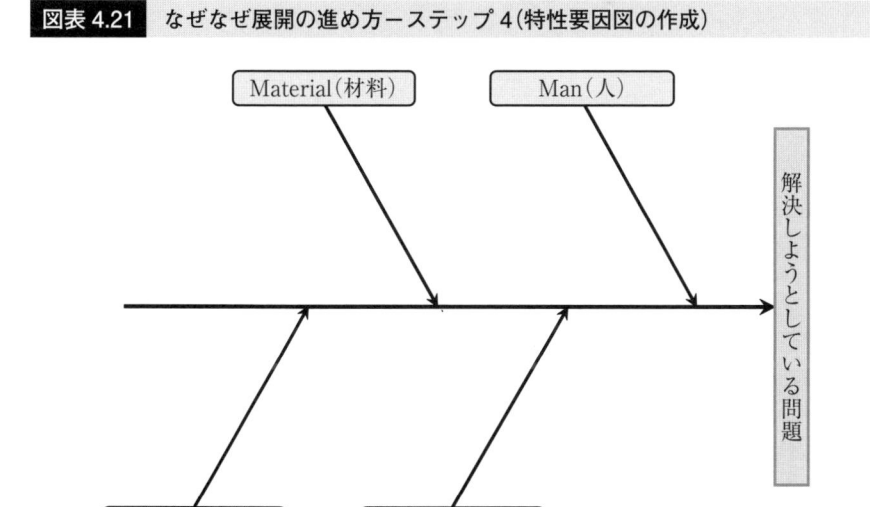

図表4.21 なぜなぜ展開の進め方－ステップ4(特性要因図の作成)

いきなり特性要因図を作成したほうが効率的な進め方のように思えるかもしれませんが、急がば回れの諺のように、その時々の一つひとつの取組みに着実に対応していくことのほうが、結果として後戻りがない最も効率的な進め方になります。問題解決活動においては、このような考え方がすべてにわたって大切なことなのです。

◆要因の検証

　きちんとした「なぜなぜ展開」を踏まえた特性要因図が作成できたら、次の段階は、特性要因図のなかに網羅された要因のなかから原因を特定しなければなりません（図表4.22）。要因はあくまでも容疑者であり、犯人である原因ではない、ということを強く意識しなければなりません。洗い出された要因は、解決しようとしている問題に関連していると予測された仮説に過ぎず、決定的な証拠がない限りは事実にはなり得ないので、この時点で原因として見立ててしまうことは早計なのです。せっかく良い特性要因図を作成しても、その後の対策を要因に対して実施しているようでは、問題の解決にはつながりません。これでは資源の浪費につながってしまうだけなのに、現場ではこのようなやり方で対策を実施していることが多いのです。対策は、要因のなかから証拠をもって事実として特定された原因に対して実施するからこそ、問題の解決につながるのです。したがって、要因の中から原因を特定する要因検証という取組みを通じて、問題の解決につながる確率が高い対策を実施していくことが必要となります。野球を例にとれば、打率1割の打者よりも打率3割の打者のほうが、チャンスのときに得点してくれる確率が3倍も高いのです。要因検証とは、多くの打者のなかから打率が高い打者を探すことなのです。

　要因検証とは、解決しようとしている問題と洗い出した要因との間の因果関係の強さを事実ベースで確認することを通じて、より強い関係性をもっている要因を特定することです。すなわち、要因が示している状態が変化したときに、その影響を受けて、解決しようとしている問題が示している状態がどの程度まで変化するかを事実として把握したうえで、その関

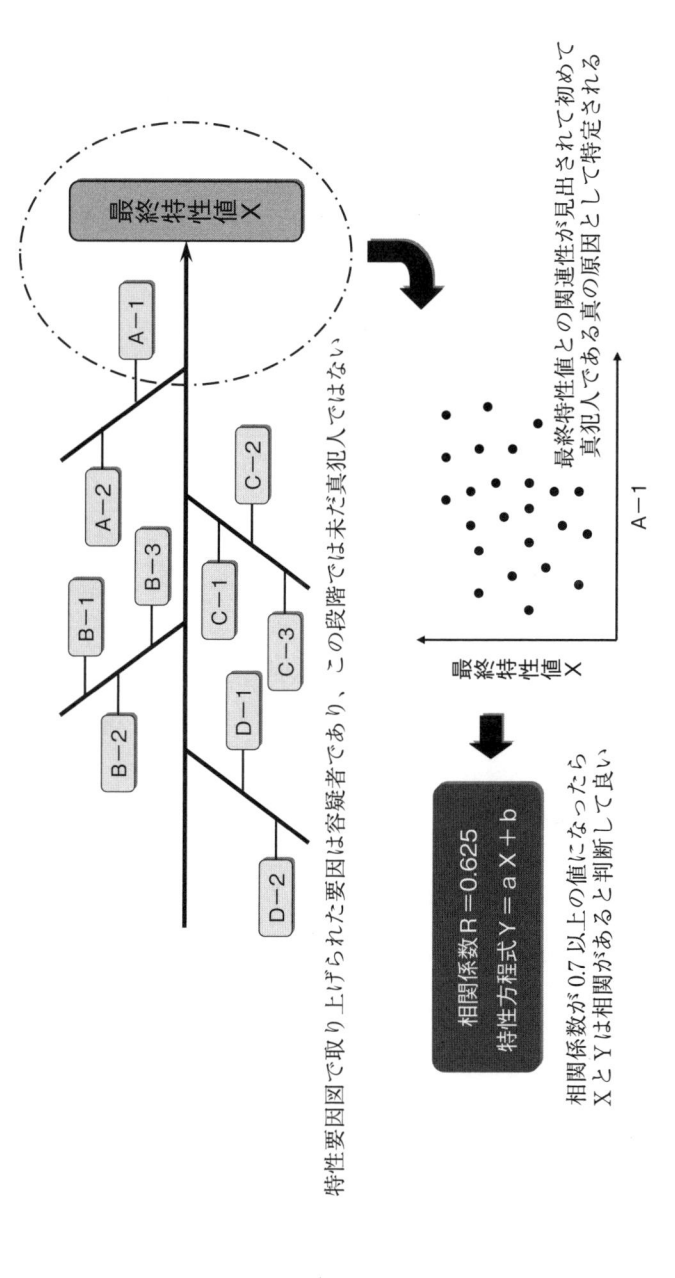

4.4 なぜなぜ展開のための特性要因図の活用

図表 4.22　なぜなぜ展開の進め方—ステップ 5（原因の特定）

特性要因図で取り上げられた要因は容疑者であり、この段階では未だ真犯人ではない

相関係数 R＝0.625
特性方程式 Y＝aX＋b

相関係数が 0.7 以上の値になったら
X と Y は相関があると判断して良い

最終特性値との関連性が見出されて初めて真犯人である真の原因として特定される

153

係性の強さの度合いを検証するのです。この検証は、要因に関する状態変化をX軸に、解決しようとしている問題に関する状態変化をY軸に設定して、散布図を作成して定性的に判断したり、相関分析を実施して定量的に判断したりします。散布図によって定性的に判断する場合は、X軸とY軸の目盛りの縮尺が異なっていると各々の影響の仕方が見た目に正確に反映されないので、X軸とY軸を同じ縮尺で描くことが必要です。また、相関分析を通じて定量的に判断する場合には、データに異常値が存在していると得られる相関係数に大きな誤差が出ることがあるので、異常値の有無を確認することが必要です。こうしたことから、要因検証においては、散布図での定性的な判断と相関分析での定量的な判断を併用した、総合的な判断を行うことが判断ミスを防ぐことにつながります。

　ここで、相関係数について少し説明しておきます。相関係数とは、2つのデータ間の相関、すなわち関係性の強さを0〜1の範囲の数値を使って表現したもので、Excelを使って簡単に計算することができます。0はまったく関係性が見られない、1は完璧な関係性が見られるという状態を示しており、0.7以上の値であると、一応自信をもって関係性があると判断することができます。これ以下の値であっても、場合に応じて関係性があると判断できる場合がありますが、0.6を下回るような値で相関関係があると判断するのは厳しいと思います。

　これまで「なぜなぜ展開」について説明してきましたが、「なぜなぜ展開」は発見した問題を確実に解決していくために欠かせないものです。ところが、専門スキルが高い方々に特に感じられることとして、こんなに面倒臭いことを行わなくても対策を立案できると思っている方々が意外と多く、「なぜなぜ展開」はその必要性が低く見られがちです。この結果、原因になっていない要因に対して対策を実施しているような、効果が期待できない取組みを、自らの主観的な判断で行ってしまっていることに気がついていないのです。そして、このようなことが実施した対策に費やした経営資源の無駄に留まらず、仕事の後戻りという目に見えにくい無駄を生むことで、仕事の生産性を大きく落とすことにつながります。急がば回れの

意識をもって、発見した問題を確実に解決していくために、「なぜなぜ展開」に着実に取り組むことの重要性を強く認識してください。

また、「なぜなぜ展開」の結果として作成する特性要因図は、作成するのが面倒臭いとか、時間がないから作成できないとか、何かと敬遠されがちです。ところが、関係者が集まって知見を出し合いながら作成すると、慣れれば30分程度でラフスケッチ程度のものが作成できるようになります。実際に問題解決の研修のなかで、お題となるテーマと30分程度の時間を設定して、5〜6人程度のチームで特性要因図を作成する演習を行うことで、受講者は思っていた以上の出来栄えで特性要因図が作成できることを実感しています。30分程度の時間なら少し工夫すれば、時には昼休みの時間を使って行えば、決して工面できない時間ではありません。このようなことから、特性要因図を作成できない真の原因は自分が書こうとする意志の問題であることを多くの受講者が自覚するのです。さまざまなテーマを通じて特性要因図を作成する経験を積むことで、より短時間で、より適確に、よりわかりやすい内容で、特性要因図を作成できるようになります。このようなレベルになると、もう完全に仕事の武器で、ミーティングの席上で、後進に指導をするときに、さまざまな場面で活用できるようになります。このような人は職場にとって、他に代えがたいとても心強く頼りになる存在となるのです。

4.5　現状見える化のためのExcelの活用

現状見える化は、問題解決フレームワークで「現状」を表現したり、ロジックツリーで大課題を分解して実行施策を導き出すときに必要不可欠であり、この他にも要所での意思決定の際に必要になるなど、とても重要な勘所です。しかも、これ以外の4つの勘所と比べて大きく異なる点が、考え方という要素だけでなく、スキルという要素を必要とすることです。現状見える化は、事実データにもとづいて現状の一断面をわかりやすく表現することなので、事実データを取り扱うためのスキル、いわゆるデータ分

析スキルが必要となります。問題解決スキルのなかでは、「現状分析・見える化力」として説明してきたものです。

◆データを分析する

　データ分析の対象となるデータ量がごく少量であるなら、電卓や手計算でも対応できるかもしれませんが、問題解決活動においては取組み自体が広範な領域を対象にしていることから、取り扱うデータの量は大量であり、時として電卓などではとても取り扱うことができない膨大な量になってきます。このようなときに必要不可欠となるものが、大量なデータを分析するためのExcel活用スキルです。現場で取り組まれているさまざまな改善活動において、Excel活用スキルなしに現状分析していることを、筆者はとても信じられません。このような方々は、どのように現状分析を行っているのでしょうか。また、どのように意思決定を行っているのでしょうか。事実データという客観的な要素にもとづいた判断ではなく、勘と経験と度胸という主観的な要素に大きく偏った判断を、特に問題意識せずに行っているのだと思います。このようなことが、結果としてミスリードにつながっていくことの危険性を高めているのです。

　問題解決活動の原点である現状把握を成功に導くポイントは、データに立脚した正確な状況判断であり、現状を正しく把握することが必要です（図表4.23）。このためには、事実データをきちんと収集して、事実データをQC七つ道具のなかの統計的手法を活用して加工することで、さまざまな切り口から見た現状の一断面を、グラフなどを使って適切に見える化することが必要です。

◆データの収集と処理

　ここで、データと情報との違いについて考えます。データとは、長さや重さといった物理量や、○や×といった分類値など、一つの状態を示しているだけの、それ以外には何の意味ももたない単なる値のことです。情報とは、これらのデータをもとにつくられた、ある特定の意味をもつ形にま

4.5 現状見える化のための Excel の活用

図表 4.23 Excel の活用による現状の見える化

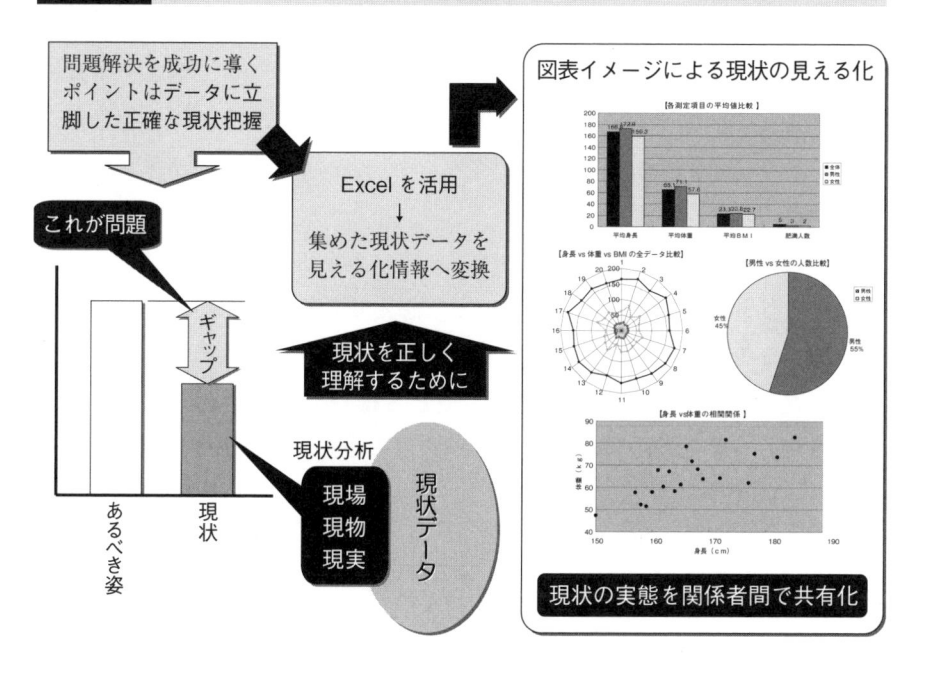

とめられたデータ集団のことです。しかし、ただ単にデータをまとめただけでは、ある特定の意味をもつ形にまとめられたデータ集団、すなわち情報になるとは限りません。手元に存在しているデータ群のなかからこのようなデータ集団に加工するためには、さまざまな観点からデータを処理したり、層別するなどの小まめな作業に取り組まなければなりません。このような取組みがデータ分析なのです。分析という言葉は「分」と「析」とで成り立っていますが、「分」という文字は文字通り「わかる」という意味を示していて、「析」という文字は斧で木を「切り分ける」という意味を示しているといわれています。すなわち、分析とは、斧で木をさまざまな形に切り分けるように取り組むことで物事がわかってくる、という意味が込められているのです。

データ分析を通じて情報を得るためには、そのための事前準備として、

- 分析に必要となるデータを漏れなく収集する

第4章　問題解決活動の勘所の鍛え方

- 収集したデータを分析できる形態に処理する

という具合にデータ分析に値するデータ群を事前にきちんと取り揃えておかなければなりません（図表4.24）。このようなデータの取り揃えを十分に行ったうえで、さまざまな情報が取り出せるようなデータベースを事前につくり上げておかないと、いくらデータ分析を行っても良い結果が得られずに徒労に終わることになります。

データ分析を上手く進めるためには、データを手当たり次第に分析して結論を得るという進め方ではなく、ある想定した結論を得るためにデータを分析するという進め方をしなければなりません。このためには、データ分析に取り組む前に、データ分析を通じて得たい結論を明確にしておく、すなわちデータ分析の目的を明確にしておくことが必要なのです。データ分析の目的が明確になると、そのような結論を得るためにはどのようなデータが必要となるのかが大凡わかってきます。これをもとにして収集するデータのフォーマットを明らかにすることができます。そして、明ら

図表 4.24　分析対象となるデータの収集と処理

分析に必要となるデータを漏れなく収集する

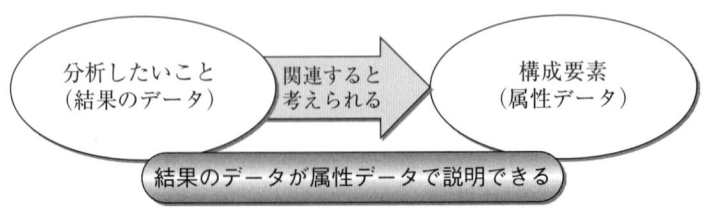

分析したいこと（結果のデータ）　←関連すると考えられる→　構成要素（属性データ）

結果のデータが属性データで説明できる

収集したデータを分析できる形態に処理する

データ項目　→組み込み→　分析用データベース（前処理／後処理）　←組み込み←　データ項目

かになったデータのフォーマットにもとづいたデータを事前に収集して、データ分析に取り組む前に用意しておくことが必要なのです。

　例えば、結婚適齢期の実態の見える化ということを目的にしたデータ分析を行う場合には、結婚適齢期を説明するために必要になりそうな要素をまず考えるのです。結婚年齢は当然のこととして、結婚適齢期に関係すると思われる要素に考えを巡らせていくと、結婚時期、家族構成、学歴、専攻分野、勤務先、年収、趣味、嗜好、性別、性格、生年月日など「なぜなぜ展開」のときと同じように、さまざまな要素が思い浮かぶと思います。このようにして、必要と思われる要素を一通りイメージできたら、これらの各要素をデータ項目としてデータベースに関する属性の構成要素に組み込んで、収集すべきデータ群の構造を設計すればよいのです。この結果、出来上がったデータのフォーマットは、対象となる人物の名前もしくはIDをインデックスとして、データ分析の目的に関する結果を表すデータである結婚年齢を主項目として、以下にこの主項目の属性として、結婚適齢期に関するデータ項目が適切な順序で並んだ構造になります。

　データ分析において必要となるデータの内容がわかったら、結婚適齢期に関するデータを一組ごとのデータ群として、このデータのフォーマットにもとづいて漏れなく収集していけばよいのです。このようにして、データ分析の対象となる情報を収集できたら、後は各データを分析しやすくするための前処理や後処理を必要に応じて適切に施すことで、分析用データベースが完成します。このときに大切なことが収集したデータに関する前処理や後処理です。収集したままの状態でデータを分析しても、正確な分析が実施できない場合があります。データ分析にはコンピュータが必要不可欠な存在ですが、コンピュータと上手く付き合っていくには、個々のデータについて、英字の大文字や小文字、数字の全角や半角などの文字の形態や、用語の表現を統一することが大事です。コンピュータと上手く付き合っていない方の多くは、この点の配慮が足りないので、コンピュータから常識知らずと判定されてしまうのです。

　例えば、「TOKYO」と「tokyo」は、人間は同じことを表現していると

判断できますが、コンピュータは別物と判断します。これがコンピュータの良い点でもあり悪い点でもあるのですが、あるときには、とても人間業では太刀打ちができないような緻密な違いを識別してくれる頼れる存在であり、またあるときには、とても融通がきかない堅物になってしまうのです。「データの分析」と「データ分析」も同様で、「の」というたった一文字の有無で、コンピュータは別物と判断します。要するに、「TOKYO」と「tokyo」や、「データの分析」と「データ分析」を、違うものと判断してほしいのか、同じものとして判断してほしいのかということなのです。そして、同じものとして判断してほしいのなら、同じ表現にしなければなりません。同じものはまったく同じ表現にすることが、コンピュータを味方にするコツです。

このようにして、用語表現の統一を始めとした一連の処理が終わったら、データ分析の準備完了です。

◆データ分析の進め方

分析用データベースが首尾よく完成したら、いよいよデータ分析に着手します（**図表4.25**）。データ分析の最も基本的な進め方は、主項目のデータと各属性のデータとの間で層別を手当たり次第に行っていくことであり、この取組みを通じてデータの偏りが見られる主項目と属性の関係を見つけていくことです。具体的には、以下の作業を行います。

- 主項目に関するデータを二分できる分類基準を設定する。
- 偏りを確認する属性を取り上げてデータを二分できる分類基準を設定する。
- 主項目と取り上げた属性との二元表にもとづいて各データを層別する。
- 層別されたデータの二元表の四象限への分布状態を確認する。
- 二元表の四象限へのデータ分布状態に偏りがなければ関係性なしと判断する。
- 二元表の四象限へのデータ分布状態に偏りがあるなら関係性ありと

4.5 現状見える化のためのExcelの活用

図表 4.25　データ分析の進め方

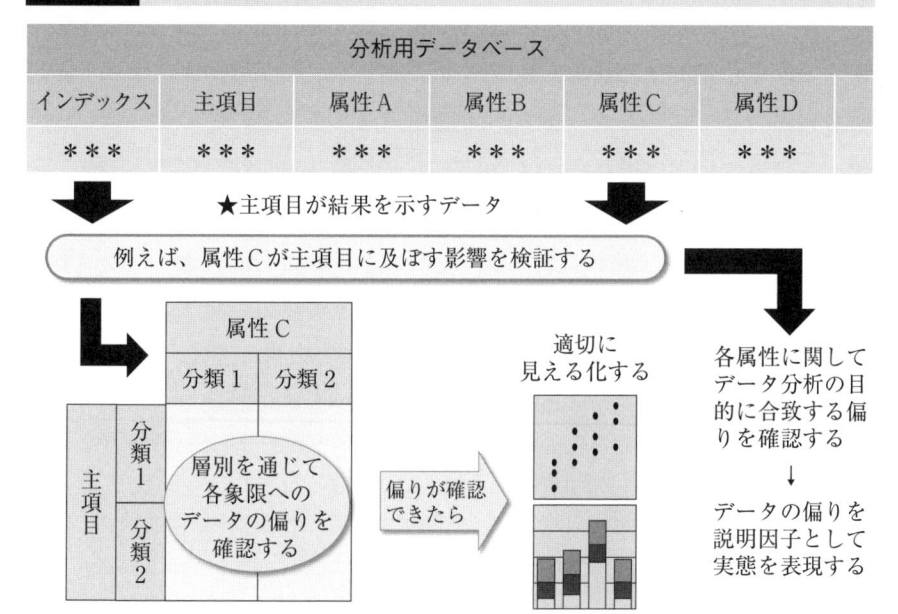

分析用データベース
インデックス	主項目	属性A	属性B	属性C	属性D
＊＊＊	＊＊＊	＊＊＊	＊＊＊	＊＊＊	＊＊＊

★主項目が結果を示すデータ

例えば、属性Cが主項目に及ぼす影響を検証する

層別を通じて各象限へのデータの偏りを確認する

偏りが確認できたら

適切に見える化する

各属性に関してデータ分析の目的に合致する偏りを確認する
↓
データの偏りを説明因子として実態を表現する

判断する。

　主項目や取り上げた属性との分類数は必ずしも二分ではなくてもよいのですが、分類数が多くなると処理や判断に時間がかかるようになるうえ、この段階では両者間の関係性を把握するための当たり実験的な意味合いが高いことから、二分程度で十分だと思います。そして、主項目と取り上げた属性との二元表で構成された四象限へのデータ分布状態に偏りがあるか否かは、全データ数を4で割り算した平均値と、四象限の各々に層別されたデータ数との間の差異の大きさで判断します。偏りがあると判断する差異の大きさの基準値は、10％以上とか、20％以上という具合にまずは適当なレベルを設定すればよいでしょう。この基準値については、偏りがあると判断された属性数が、多過ぎるようであれば基準値を引き上げる、少な過ぎるようであれば基準値を引き下げるなどのように結果を見ながら調整をすればよいと思います。このようにして、主項目との間の関係性の有無をすべての属性に対して確認していきます。

第4章　問題解決活動の勘所の鍛え方

　主項目との間で関係性があると判断された属性がすべて出揃ったら、次は実態をわかりやすく表現する段階に入ります。ここで、関係性の状態をさらに詳しく把握する必要がある場合には、主項目や属性に関する分類数を必要に応じて増やしたうえで、新たな二元表をもとにして関係性を再度確認すればよいのです。このようにして、主項目と属性に関する関係性を示すデータが準備できたら、これらのデータをもとにして、実態が最もよく表現できるように表やグラフを作成します。ここでは、表やグラフの作成方法だけでなく、より訴求力が高い表現をするためのテクニックが求められます。結果としてこれらの表やグラフが出来栄え良く作成できると、現状を語る際に欠かせない論点や問題点などが適確に表現できるようになります。これによって、現状が見える化できたことになるのです。

◆Excelを活用する

　現状の見える化は、データ収集→データ分析→結果表現というステップで進めていくことが理解できたと思います。また各ステップでの取組みにおいては、さまざまなデータを思うように取り扱うためのExcelの活用が必要不可欠なことも併せて理解することができたと思います。極端な言い方をすれば、Excelを使いこなすことができなければ、現状見える化を実施できないのです。

　本書はExcelの活用本ではないので、Excelの活用方法に関する説明は必要最低限に留めますが、問題解決活動を展開するうえで必要となる活用のポイントを紹介します（図表4.26）。このポイントを踏まえてExcel活用スキルを独自に高めていくようにしてください。Excel活用のポイントのなかでも、欠かすことができない特に重要なものは、次の3つです。

　① ワークシート関数を不自由なく自在に扱うことができる。
　② 異なるデータ群を連結して一つの新たなデータをつくることができる。
　③ 2つのデータ間の関係性を二元表で確認することができる。
　④ 自分のイメージに適したグラフを作成することができる。

4.5 現状見える化のための Excel の活用

図表 4.26 Excel 活用のポイント

Excel を活用したデータ処理分析において期待されていること

①データ分析の目的に合致したデータベースを作成することができる

②ワークシート関数を不自由なく自在に扱うことができる

③データを並べ替えや行列入換えして思いどおりの形態に処理することができる

④異なるデータ群を連結して一つの新たなデータをつくることができる

⑤ワークシート演算機能や分析機能を用いて必要な結果を得ることができる

⑥自分のイメージに適ったグラフを作成することができる

⑦分析結果を他の文書に転記して有効活用できる

　Excel には数多くの関数が備えられていますが、余程の専門的な分析をするのでなければ、問題解決活動を始めとした一般的なオフィスワークで必要となるものは 30 程度であり、それらを使いこなしていけば、不自由な思いをすることはほとんどありません。

　Excel 関数のなかでも特に使用頻度が高いものは、**図表 4.27** の関数のうち「活用度」の欄が◎のものぐらいです。Excel に不慣れであれば、このあたりの Excel 関数から使い始めるとよいでしょう。使い方を知らない場合には、Excel の参考書やネットなどで調べれば、決して難しくはなく個人で学習することができます。

　データ群を連結して新たなデータをつくるには、VLOOKUP 関数を使うことが不可欠ですが、一般的には使用頻度が低いにもかかわらず、データ分析においては欠かすことができない関数です。データ分析をしていると、分析用データベースの属性データが不足していて、データ分析が先に進まないという事態に陥ることがあります。このようなときにとても役立つのが VLOOKUP 関数で、一度作成した分析用データベースに不足して

第 4 章 問題解決活動の勘所の鍛え方

図表 4.27 現状の見える化に役立つ Excel の関数と機能

対象	関数／ツール	できること	活用度
数値	sum	数値データを合計値を計算する	◎
	average	数値データの平均値を計算する	◎
	stdev	数値データの標準偏差を計算する	◎
	sqrt	数値データの平方根を計算する	△
	^	数値データの n 乗を計算する	△
	max	数値データの最大値を求める	○
	min	数値データの最小値を求める	○
	count	数値データの数を数える	◎
	counta	文字データの数を数える	◎
	sumif	条件に合致した数値データの合計値を計算する	○
	countif	条件に合致した数値データの数を数える	○
	round	数値データを小数点以下任意の桁数で四捨五入する	○
	roundup	数値データを小数点以下任意の桁数で切り上げる	△
	rounddown	数値データを小数点以下任意の桁数で切り下げる	△
	rank	指定した数値データの上位順位を求める	○
	large	指定した上位順位の数値データを求める	○
	correl	2 系列の数値データ間の相関係数を求める	○
	rand	0 〜 1 の間の乱数を発生させる	△
文字	left	文字データの左端から任意の文字数だけを取り出す	◎
	right	文字データの右端から任意の文字数だけを取り出す	◎
	mid	文字データの中間部から任意の文字数だけを取り出す	◎
	fixed	数値データを小数点以下任意の桁数で文字データに変換する	○
	value	文字データを数値データに変換する	○
論理	if	設定された論理条件にもとづいて処理を分岐する	◎
日付	now	関数が実行された時点の日付けシリアル値を呼び出す	○
	year	日付けシリアル値から年を取り出す	◎
	month	日付けシリアル値から月を取り出す	◎
	day	日付けシリアル値から日を取り出す	○
	weekday	日付けシリアル値から曜日を取り出す	○
図・表	二元表・三元表	生データの整理・可視化	◎
	棒グラフ	量・分布の表現	◎
	折れ線グラフ	時系列変化・推移の表現	◎
	円グラフ	内訳の表現	◎
	レーダーチャート	全体像・傾向の表現	◎
	散布図	ばらつき・偏りの表現	◎
処理	データ結合 ⇒ vlookup	任意の項目による異なるデータを結合させるときに使用。ただし、これ単独でできるわけではない。	◎
	項目間集計 ⇒ ピボットテーブル	任意の 2 項目間に関するデータの個数・合計・平均などの計算	◎
	回帰分析 ⇒ 分析ツール	回帰方程式の傾きと切片の計算	○
	ヒストグラム ⇒ 分析ツール	設定区間ごとの発生度数の計算	△
	シミュレーション ⇒ rand	論理式にもとづいた確率論的な出現結果の予測	△

4.5　現状見える化のための Excel の活用

図表 4.27　つづき

対象	関数／ツール	知っておきたいこと	活用度
全体	データ入力	数値・ひらがな・カタカナでのデータ入力、漢字変換など	◎
	入力データ取扱い	数値データと数値文字との違い、文字データの結合など	◎
	ワークシート活用	メニューの使い方、データの転記・削除、範囲指定など	◎
	ツールバー活用	保存、検索、置換、条件付書式、並べ替え、フィルタなど	◎
	ワークシート計算	数値データの四則演算、計算式の入力方法など	◎
	相対番地・絶対番地	相対番地と絶対番地の違いと使い方、使用上の注意点など	◎

いる属性を付け足していくことができるため、データ分析が多様な観点から実施できるようになります。少々とっつきにくい関数ですが、データ分析には必要不可欠な機能をもっているので、是非とも使えるようになってください。

　2つのデータ間の関係性を確認するには、ピボットテーブルという機能がとても役に立ちます。この機能は二元表を作成するということを瞬時に行ってくれます。これによって層別がとても簡単にできるようになるので、活用してください。

　グラフ作成機能についても、**図表 4.27** の「図・表」に示した棒グラフ、折れ線グラフ、円グラフ、レーダーチャート、散布図の5種類が思うように作成できれば、実用上ほとんど問題ありません。

　その他にも便利な機能が豊富に用意されているので、必要に応じて適宜身につけていけばよいでしょう。

　実際の業務を通じて「現状が見える化できる」ようになるには、

- データを処理できる
- データを分析できる
- グラフを作成できる
- グラフを活用できる

という4種類の作業を、Excel を活用しながら適確に実施できなくてはなりません。したがって、身の回りにあるさまざまな題材を使って、これらの作業を Excel を活用した業務スキルとしていち早く身につけてしまうことが求められるのです（**図表 4.28**）。

図表 4.28 現状を見える化するための Excel による業務スキル

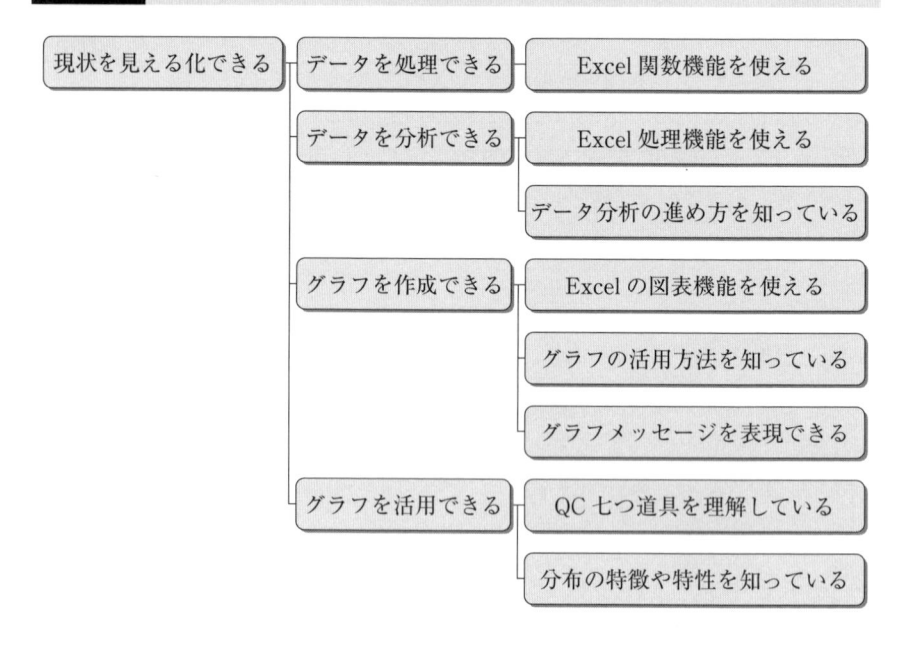

- 現状を見える化できる
  - データを処理できる
    - Excel 関数機能を使える
  - データを分析できる
    - Excel 処理機能を使える
    - データ分析の進め方を知っている
  - グラフを作成できる
    - Excel の図表機能を使える
    - グラフの活用方法を知っている
    - グラフメッセージを表現できる
  - グラフを活用できる
    - QC 七つ道具を理解している
    - 分布の特徴や特性を知っている

　好奇心や探求心をもって身の回りを眺めてみると、私生活面では家計費の実態や食事内容の実態、会社面では業務内容の実態や市場トラブルの実態など、さまざまな題材が存在していると思います。これらのなかから手頃な題材を取り上げて、データを収集して分析したり、グラフを描いて実態を見える化したりといったトレーニングにこまめに取り組んでいくことで、Excel を活用した業務スキルが次第に身についてくるのです。このようなトレーニングは、その気になれば比較的容易に取り組むことができます。

　例えば、身の回りに存在している題材の一つとして、市場トラブルの実態を題材としたときの進め方について考えてみましょう（図表 4.29）。トラブルの時系列的な発生傾向を折れ線グラフで見える化してみると、

- **突発型**：ある時点から急に発生が増加する
- **変動型**：発生の増加と減少を定期的に繰り返す
- **慢性型**：一定レベルで安定的に発生する

4.5 現状見える化のためのExcelの活用

図表 4.29　時間軸で見た良い子と悪い子の識別パターン

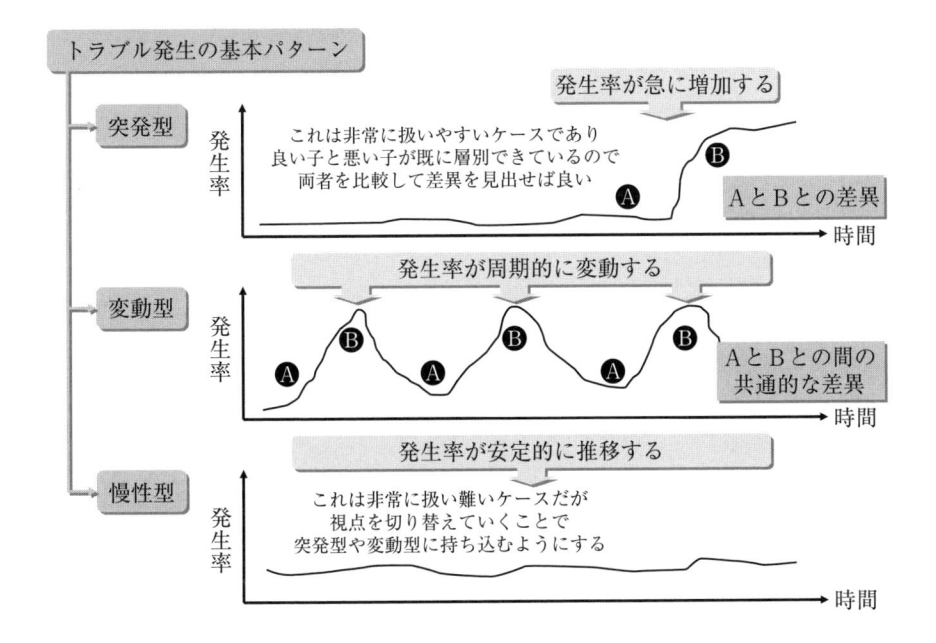

トラブル発生の基本パターン

- 突発型：発生率が急に増加する
  - これは非常に扱いやすいケースであり良い子と悪い子が既に層別できているので両者を比較して差異を見出せば良い
  - AとBとの差異

- 変動型：発生率が周期的に変動する
  - AとBとの間の共通的な差異

- 慢性型：発生率が安定的に推移する
  - これは非常に扱い難いケースだが視点を切り替えていくことで突発型や変動型に持ち込むようにする

という3種類の形態のうち、何れかに該当する傾向が見られると思います。このようにトラブルの発生傾向を分類するだけで、トラブルの発生原因が究明しやすくなるのです。

　トラブルの発生原因を究明する段階において、要因や仮説を検証するために役立つ手法として相関分析があります。この手法は2つの要素や要因の間の関係性の強さを相関係数として定量化するために活用します。しかし、分析データのなかに異常値が存在しているような場合では、活用の仕方に注意をしないと誤判断につながることがあるので、注意が必要な手法でもあります(**図表4.30**)。

　例えば、実際は強い相関関係が存在するはずであるにもかかわらず、相関係数からは相関関係が低いと判断できてしまうような低い値になる場合があります。これは、相関関係が存在するデータの集りから大きく離れた位置に異常値が存在している場合に起きる現象で、相関係数が異常値に

図表 4.30 相関分析実施時の注意点

相関係数だけでなく、必ず散布図を描いてデータの散布状態を確認して判断すること

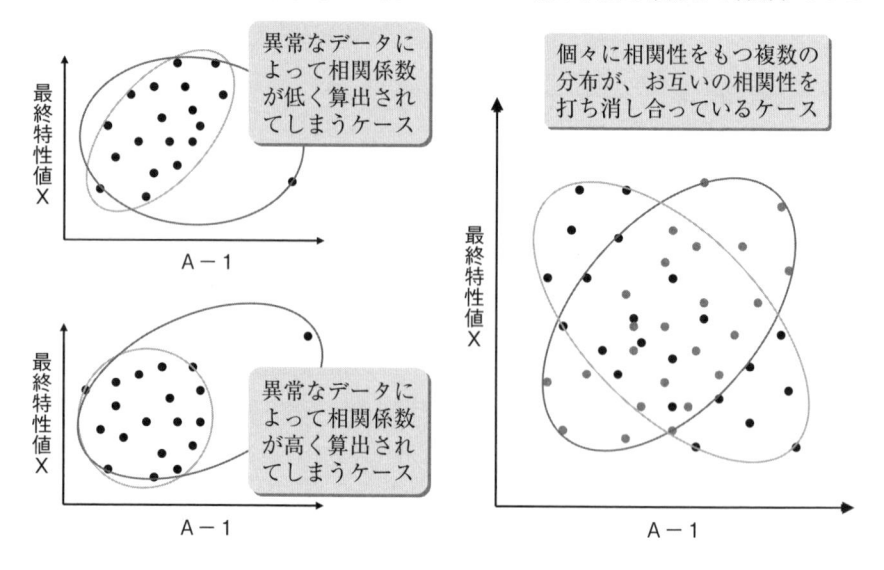

- 異常なデータによって相関係数が低く算出されてしまうケース
- 異常なデータによって相関係数が高く算出されてしまうケース
- 個々に相関性をもつ複数の分布が、お互いの相関性を打ち消し合っているケース

引っ張られて低くなってしまうのです。一方、これとは逆に、実際には相関関係が存在しないはずにもかかわらず、相関係数が高く相関があると判断できてしまう場合があります。これも、相関関係が存在しないデータの集まりから大きく離れた位置に異常値が存在している場合に起きる現象で、異常値に引っ張られて相関係数が高くなってしまうのです。このようなことが判明したら、異常値と判断できるデータを除去したうえで、再度分析を行う必要があります。このように、異常値の存在が相関係数に大きく影響する場合があることから、相関係数の大きさとデータの散布状態の双方を勘案したうえで関係性の有無を判断することが、誤判断を防ぐために重要です。

　さらに、相関係数の大きさとデータの散布状態の双方を勘案して関係性が低いと判断された場合においても、データの集まりが正反対の関係性をもつ2つのデータの集まりで構成されているような場合があるので、このような場合にはデータを2つに分割したうえで、再度分析を行う必要があるの

4.5 現状見える化のための Excel の活用

図表 4.31 データ分析の目的に応じた各種グラフの活用方法

グラフの種類	分析結果で表現したい内容				表現のポイント
	構成内訳	数量比較	経時変化	出現頻度	相関度合	
円グラフ	●					・実用性に欠ける⇒全体の5%程度 ・要素は6項目以内に抑える ・正午の位置から時計回りに配列する ・強調したい要素に目立つ配色を施す
横棒グラフ	●	●			●	・用途は広い⇒全体の25%程度 ・要素は6項目以内に抑える ・棒の幅は棒間隔より大きくする ・強調したい要素に目立つ配色を施す ・要素名を長くできる
縦棒グラフ	●	●	●	●		・活用度は高い⇒全体の50%程度 ・出現頻度は区間設定に注意が必要 【横棒グラフ】 ・横棒グラフと同様 ・要素名は短く簡潔に表現する 【線グラフ】
線グラフ			●	●		・要素が6項目以上なら線グラフにする ・トレンドラインには最も太い線を用いる ・対比や予測のラインには破線を用いる ・描くラインの数は6本以内に抑える
散布図					●	・取扱いが難しい⇒全体の10%程度 ・データが6程度なら横棒グラフを使う ・必要に応じて相関係数を表示する ・必要に応じて回帰線を表示する

です。

　この例においては、折れ線グラフと散布図を作成することになりますが、実際にグラフを作成する場合には、表現したい内容に応じて適切なグラフを選択しなければなりません（**図表 4.31**）。表現したい内容とグラフの選択が適合していないと、せっかく素晴らしいグラフを作成したとしても、言いたいことが上手く伝わらないことがあるので、注意が必要です。さらに、作成するグラフについても、タイトルやメッセージ、補足表示を適切に表示しておかないと、言いたいことが上手く伝わらない場合あるので、注意が必要です（**図表 4.32**）。

　このようにして、トレーニングを通じて、折れ線グラフの作成、相関分析、散布図の作成、といった場面で Excel を活用しながら、データを処理できる、データを分析できる、グラフを作成できる、グラフを活用できる、という作業に取り組むことで、現状を見える化するための一連の業務を経

図表 4.32　グラフによるデータ分析結果の表現パターン

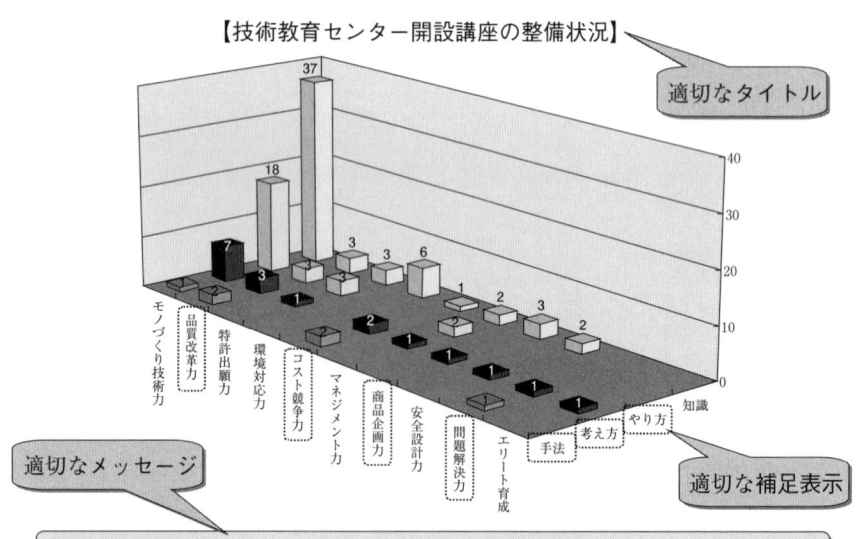

【技術教育センター開設講座の整備状況】

適切なタイトル

適切なメッセージ

適切な補足表示

技術的にはモノ作り技術力に関する講座が圧倒的に多く、内容的には知識系の講座が多数を占めているが、現場でのニーズが高い品質・コスト・商品企画・問題解決に関して手法・考え方・やり方を教育する講座の品揃えが少ない

験することができます。とにかく、このようなトレーニングを数多くこなすことが、現状見える化の力を向上させるために必要なのです。

4.6　その他の要素

◆ハイパフォーマーとローパフォーマー

　これまで、問題解決活動に関する5つの勘所の内容と鍛え方について説明してきましたが、問題解決活動を上手く展開するためのグループワークも勘所に匹敵する重要な要素であることから、ここで番外編としてグループワークについても説明しておきます。

　問題解決活動は組織として成果を上げることを目的とした取組みであるとして、これまでさまざまな研修を通じてグループワークを主体にした実践的な教育を実施してきたところ、ある望ましくない状態が見えてきました。それは、グループワークにおいて実に素晴らしい成果を立て続けに打ち出しているチームの多くに、パフォーマンスが低い、いわゆるローパフォーマーと呼ばれる人物が、少なからず存在していることです。一方で、このようなチームが結果として素晴らしい成果を打ち出している要因としては、パフォーマンスが高い、いわゆるハイパフォーマーと呼ばれる人物が、必ずといってよいほど存在していることが挙げられます。

　要するに、ハイパフォーマーのリーダーシップでチーム全体が引っ張られているなかに埋没するように、そのリーダーシップについて行けないローパフォーマーが存在しているのです。しかも、ハイパフォーマーはとても目立つ存在なのですが、その陰に隠れているローパフォーマーはほとんど目立たない存在になっているので、つい見過ごされてしまいがちです。しかも、このようなローパフォーマーは、組織として成果を上げる取組みにほとんど寄与していないように外見上では見えるのです。

　ここで、とても興味深いお話を紹介します。ある学者が働きアリの行動を観察したところ、実に面白い現象を発見しました。働きアリはその名の

171

第4章　問題解決活動の勘所の鍛え方

とおりに休むことなくあちらこちらを動き回っていて、巣作りをしたり、餌を運んだりして、誰の目から見てもよく働いているように見えます。ところが、個々のアリの行動をつぶさに観察してみると、ある実態が見えてきたのです。何と、見た目にはよく働いていると見えたアリのなかにも、よく働いているアリ、よく働いているアリに引っ張られて行動をともにしているアリ、まったく働いていないアリという3種類が、約20％、約60％、約20％の割合で存在していたのです。

ここで、よく働いているアリだけを選別した集団を形成すると、なかからまったく働いていないアリが出現してきて、最終的には3種類の行動をとるアリが同じ比率で存在するようになったのです。同じように、まったく働いていないアリだけを選別した集団においても、最終的に3種類の行動をとるアリが同じ比率で存在するようになったのです。この結果から、どのような集団を形成したとしても、よく働いているアリとまったく働いていないアリが各々約20％、残りのアリが約60％に分かれることが判明したのです。そこで、この学者は、よく働いているアリをハイパフォーマー、まったく働いていないアリをローパフォーマーと見立てれば、この結果は人間社会にも当てはまると結論しています。要するに、一つのチームを形成するとどのようなチームであっても、そのなかには必ずローパフォーマーが20％程度存在していると考えなければならないのです。しかし、このようなローパフォーマーの存在は、組織効率に悪影響を及ぼします。組織効率を上げていくには、ローパフォーマーになっている人たちには、自分がローパフォーマーであることの自覚をもたせるようにして、ハイパフォーマーになるための行動を起こすように仕向けなければなりません。

そこで、ローパフォーマーの実態を把握するために、問題解決に関する研修を通じて、受講者の問題解決スキルとグループワークでのパフォーマンスとの関係性を調査したところ、この両者の間に高い関係性が見られ、問題解決スキルが高い受講者はグループワークでのパフォーマンスも高いことがわかってきました。問題解決スキルが高いからパフォーマンスが発

揮できているのか、パフォーマンスが高いから問題解決スキルが高まっていくのか、その因果関係は明確ではないのですが、結果として両者の間に高い関係性が見られたのです。

そこで、問題解決に関するグループワークが終わった後に、そのグループワークを通じて最もパフォーマンスが高いと感じられたメンバーとその理由を、メンバー間で相互評価してもらうことで、グループワークでのパフォーマンスに影響を及ぼす要素を確認しました。その結果、実行力、統率力、提案力、責任感、積極性という5項目が、パフォーマンスに影響を及ぼす要素として抽出できました。この5項目が問題解決活動を実践するために必要な要素であることは、筆者の実感とも整合していて容易に理解することができます。さらに、この5項目中でも特に、実行力、統率力、提案力の3項目については、パフォーマンスが高いと評価された方の、実に20%以上に当てはまっていることがわかってきたのです。

◆ハイパフォーマーの条件

この結果を踏まえて、次の5項目をハイパフォーマーの条件として、評価基準を作成しました。

- **実行力**：保有している能力を必要な場面に応じて適宜発揮している。
- **統率力**：全体的視点でグループワークを円滑にかつ効率的に進めている。
- **提案力**：グループの成果に貢献する適切な意見や考えを提示している。
- **責任感**：立場や役割を意識したうえで本来なすべき対応を実施している。
- **積極性**：自らできることについては他に率先して取り組んでいる。

そして、この評価基準にもとづいて、グループワークでのパフォーマンスをチームメンバーがお互いに評価し合い、高め合っていけるようにしたのです（図表4.33）。

問題解決スキルとグループワークでのパフォーマンスとの間には高い関

図表4.33　グループワークへの貢献要素

```
ものづくり製作実習の振り返りでの貢献したメンバー選定理由分析
```

【グループワークに貢献したメンバーの選定理由】

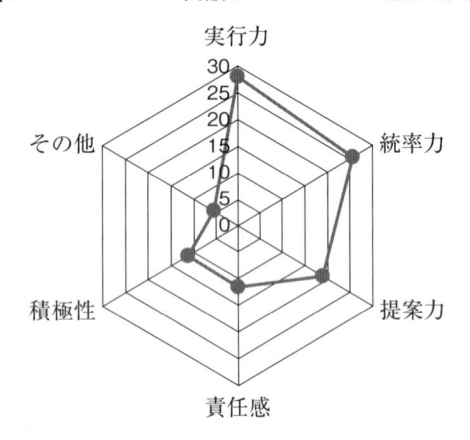

（レーダーチャート：実行力、統率力、提案力、責任感、積極性、その他）

　係性があるものの、なかには問題解決スキルが高いのにグループワークでのパフォーマンスが低いという方々が存在することが確認されています。このケースは、自分の能力をグループワークで発揮できていないという、もったいない状態です。一方で、問題解決スキルが低いのにグループワークでのパフォーマンスが高いという方々が存在することも確認されています。このケースは、自分の能力ではなく口先でグループワークを仕切ってしまうという、問題行動を引き起こしてしまいかねない状態です。

　このようにして、問題解決スキルは当然のこととして、グループワークを通じてパフォーマンスの発揮度合いを確認しながら、この両者をバランス良く高めていくことで、総合的に個としての能力を育成していくことが必要なのです。

あとがき

　問題解決という取組みは、解決する問題の内容に応じてさまざまな進め方で行われます。ちょっとしたアイデアがあれば解決してしまうような簡単な問題や、本格的な分析や検討をしなければ解決できないような複雑な問題など、問題の難易度によって取組み方が変わってきます。営業や技術など職種の違いによっても、取組み方が変わってきます。特に技術分野においては、技術の問題は技術で解決するといったような、技術力と問題解決力とを混同しているような方々もいます。

　このように、現場の問題解決ではさまざまな問題に対処しなければならないため、型にはまった画一的な取組みを実施するだけでは十分ではなく、問題の素性に応じた適切な取組みを展開できる応用力が問われるのです。そして、応用力を身につけて、さらに高めていくには、問題解決力を知識として頭の中に留めておくのではなく、頭や体を縦横に使って日常の仕事で実践できるレベルにまで磨き上げることが必要です。ところが、この応用力という言葉が問題解決力という概念を曖昧にしてしまい、俗にKKDと言われている勘と経験と度胸が幅を利かせることになっているのです。仕事のことをよく知っている、技術力が高い、経験があるなどの問題解決に必要な要素をもっていることが、問題解決力そのものが高いということと錯覚されてしまっているのです。

　問題解決には、「これが正解である」といえるような定型化した進め方などないのですが、囲碁や将棋のように定石というものはあります。それが本書で説明した一連の進め方なのです。まずはこの定石をいち早く身につけて、次に自分のものとして実践することを通じて、最終的にはどのような問題にも対処できるような応用力まで高めるようにしてください。このようにして、問題解決力が応用力というレベルにまで高まってくると、

あとがき

　仕事に取り組む際の基軸が次第に形成されて、やがてその基軸が強みへと転化していきます。このようになったら、もはや問題解決力は自分のものになったも同然です。

　問題解決力を単に知識として得るだけなら、それほど多くの時間や努力を必要としません。しかし、本当に自分のものにするためには、とても多くの時間と努力を要します。ひとたび自分のものにすることができたら、まさに鬼に金棒で、一生の財産になります。これは早い者勝ちの世界で、比較的若いうちに自分のものにしてしまえば、その後長い時間が経過したときに、そうでない人たちと比べて格段の能力差が生じているはずです。しかも、この能力差は簡単に埋まるものではなく、挽回は不可能といってよいほどの差です。

　問題解決力という言葉を、問題を解決する力として改めて認識してください。このように認識すると、問題解決力とは、単にQC的な手法を活用して改善する能力というレベルに留まらず、さまざまな問題が潜在する現実と真っ向から対峙して、自らなすべきことを見出して取り組んでいくための能力と考えることができます。だからこそ、問題解決力を身につけることが、生きる力を育んだり、自立した人材の育成につながっていくのだと思います。そして、最終的には「期待に応えて予想を裏切る」ような素晴らしい成果を、どのような問題に対しても確実に出せる人材を育成できるようになるのだと思います。

　本書および前著の『技術者の仕事の基本　問題解決力』を通じて、本当の問題解決力を身につけるべく、日々努力されることを願ってやみません。

2014年7月

鈴　木　洋　司

参考文献

鈴木洋司『技術者の仕事の基本 問題解決力』日科技連出版社、2012年
齋藤孝『アイデアを10倍生む考える力』大和書房、2006年
野村るり子『面白いほど身につく論理力のドリルブック』中経出版、2005年
大前研一『考える技術』講談社、2004年
福島文二郎『9割がバイトでも最高のスタッフに育つディズニーの教え方』中経出版、2010年
遠藤功『現場力を鍛える「強い現場」をつくる7つの条件』東洋経済新報社、2004年
藤巻幸夫『特別講義コミュニケーション学』実業之日本社、2010年
細谷功『地頭力を鍛える問題解決に活かす「フェルミ推定」』東洋経済新報社、2007年
白潟敏朗『仕事の5力』中経出版、2008年
朝倉匠子『自分力の鍛え方』ソーテック社、2006年
萩原正英『上手な問題解決の方法が面白いほどわかる本』中経出版、2007年
佐藤允一『新版 図解・問題解決入門』ダイヤモンド社、2003年
渡辺健介『世界一やさしい問題解決の授業』ダイヤモンド社、2007年
西村克己『戦略思考トレーニング』PHP研究所、2002年
柴田昌治『なぜ会社は変われないのか』日本経済新聞出版社、2003年
ネッド・ハーマン著、高梨智弘訳『ハーマンモデル』東洋経済新報社、2000年
神永正博『不透明な時代を見抜く「統計思考力」』ディスカヴァー・トゥエンティワン、2009年
ジーン・ゼラズニー著、数江良一・管野誠二・大崎朋子訳『マッキンゼー流図解の技術』東洋経済新報社、2004年
P.F.ドラッカー著、上田惇生訳『マネジメント基本と原則』ダイヤモンド社、2001年
遠藤功『見える化 強い企業をつくる「見える」仕組み』東洋経済新報社、2005年
岩崎夏海『もし高校野球の女子マネージャーがドラッカーの『マネジメント』を読んだら』ダイヤモンド社、2009年
加古昭一『問題解決の手法が面白いほどわかる本』中経出版、1996年
佐藤允一『問題構造学入門』ダイヤモンド社、1984年
内田和成『論点思考』東洋経済新報社、2010年
渡辺パコ『論理力を鍛えるトレーニングブック意思伝達編』かんき出版、2002年
西村克己『ロジカルシンキングが身につく入門テキスト』中経出版、2003年

索　引

［英数字］

4M2S　75
Excel関数　164
Excelの活用　157, 162
How to　3
KJ法　48, 149
MICE　71
OJT　4
QC　1
　——サークル　2
　——ストーリー　40
　——七つ道具　40
SRストーリー　43, 77, 93, 95, 96, 133, 136
　——の記入ガイド　137
What　7, 10

［ア　行］

あるべき姿　23, 33, 38, 68
暗黙知　50
異常値　168
因果関係　39
お客様　10

［カ　行］

改善活動　4, 26, 74
改善目標値の設定　94
仮説検証　39
仮説思考力　15
活動報告書　77, 79
考える力　15
環境与件　30, 67, 82, 84, 120
関係者を巻き込む　45
管理図　42
記憶する力　14
利き脳　55
　——の簡易診断　57
　——の鍛え方　58
グラフの活用　169
グループ討議　47
グループワーク　45, 171
グローバル化　5
形式知　50
継続的改善　77
原因　142
現状　23, 33, 68
　——分析　70, 87
　——分析・見える化力　33
コミュニケーション　13, 46, 50, 52
根治療法的な是正処置　23

［サ　行］

再発防止　76
散布図　42, 154
仕事の基本　19
事実データ　70
市場　10
小集団改善活動　2
親和図法　48, 149
相関係数　154, 168
相関分析　154
創造知　50
想像的なコンセンサス　48
層別　40

［タ　行］

大課題の設定　89
大課題の分解　72
対策の5E　76

索　引

対策立案の観点　75
対症療法的な是正措置　23
知恵　50
チェックシート　42
抽象化思考力　15
データ分析　157, 160
特性要因図　40, 151

［ナ　行］

なぜなぜ　37
　——展開　130, 141, 145
何のため　37
　——展開　130
望ましくない状態　24

［ハ　行］

ハイパフォーマー　171
　——の条件　173
パレート図　42
ヒストグラム　42
必要とされる能力の変化　16
人を動かす力　13
評価基準　101
　SRストーリーの——　139
　問題解決フレームワークの——　124
　ロジックツリーの——　134
品質管理　1
振り返り　136
フレームワーク思考力　15
ブレーンストーミング　47, 48, 147
プレゼンのポイント　106
分析　33
ポジティブ・リスニング　53

［マ　行］

未然防止　76
求められる能力　13
問題　23, 24, 33, 68

良い——　76
問題意識　20
　——の変化　22
問題解決　17, 19, 26
問題解決活動　28
　——の勘所　97, 116
　——の効果　108
　——の実践事例　79
問題解決行動　18
　意識した——　35
　無意識の——　35
問題解決実践力　66
問題解決スキル　18, 60
　——診断チャート　61
問題解決の三種の神器　141
問題解決の進め方　66
問題解決フレームワーク　29, 30, 38, 68, 86, 88, 116
　——の記入ガイド　122
問題解決プロセス　18, 65
問題解決力　18
問題感情　21
問題認識　25, 66
問題発見　25, 30, 67, 68

［ヤ　行］

有効性　74
要因　142
　——検証　39, 73, 152
　——効果の検証　83

［ラ　行］

リーダーシップ　13, 46
ローパフォーマー　171
ロジカルシンキング力　36
ロジックツリー　91, 129
　——の記入ガイド　131
論理的思考　6

◆著者紹介

鈴木　洋司（すずき　ひろし）
1954年　生まれ
1976年　富士ゼロックス株式会社入社
　研究、開発、設計、評価、生産技術、品質管理、品質保証など、入社後一貫して技術職に従事しながら問題解決に関する知見を培い、人事部を経て現在は教育部に在籍。これまでの経歴を生かして、問題解決に関する教育プログラムや教材の企画開発、研修実施、研修トレーナー育成、全社教育推進に従事。

技術者の仕事の勘所　問題解決実践力
　問題発見と問題解決の進め方がわかる

2014年9月26日　第1刷発行

著　者　鈴木洋司
発行人　田中　健

発行所　株式会社　日科技連出版社
〒151-0051　東京都渋谷区千駄ケ谷5-4-2
　電話　出版　03-5379-1244
　　　　営業　03-5379-1238〜9
　振替口座　東京　00170-1-7309

検印省略

印刷・製本　中央美術研究所

Printed in Japan

URL http://www.juse-p.co.jp/

© Hiroshi Suzuki 2014
ISBN 978-4-8171-9524-1

本書の全部または一部を無断で複写複製（コピー）することは、著作権法上での例外を除き、禁じられています。

技術者の仕事の基本 問題解決力
本当の問題発見と問題解決がわかる

鈴木　洋司　著
A5判　208ページ

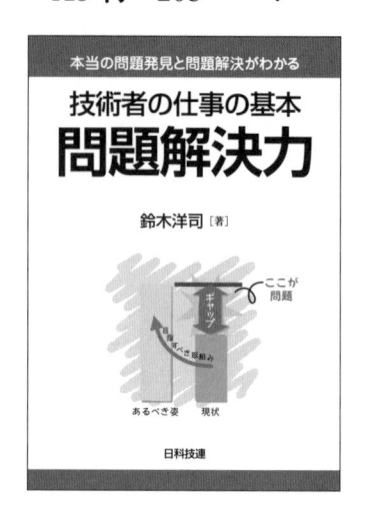

　本書は、問題解決を仕事に必要な総合実務能力と位置づけ、QC 七つ道具などの問題解決の手法の解説のみならず、現場実務で成果を出すための仕事の進め方、周囲を巻き込むために必要なプレゼンテーションやコミュニケーション、リーダーシップなどのスキルについても解説しています。

　「ありたい姿」と「現状」とのギャップを「問題」と捉え、この問題を解決する手法や考え方、職場での周りを巻き込んだ仕事の進め方などのスキルを解説します。また、問題に気づくための手法についても解説します。

主要目次

- 第1章　問題解決について考える
- 第2章　問題解決フレームワークで考える
- 第3章　問題を発見する
- 第4章　課題を設定する
- 第5章　課題を解決する
- 第6章　結果を共有する
- 第7章　より良いグループワークを実践する

日科技連出版社の図書案内は、ホームページでご覧いただけます。
URL http://www.juse-p.co.jp/